见识城邦

更新知识地图　拓展认知边界

BIG HISTORY

万物大历史

世界是怎样被连接在一起的

[韩]赵池亨 著 　[韩]李宇一 绘　黄进财 译

中信出版集团|北京

图书在版编目（CIP）数据

世界是怎样被连接在一起的 /（韩）赵池亨著；（韩）李宇一绘；黄进财译 . -- 北京：中信出版社，2022.8
（万物大历史）
ISBN 978-7-5217-4386-9

Ⅰ . ①世… Ⅱ . ①赵… ②李… ③黄… Ⅲ . ①世界史－青少年读物 Ⅳ . ① K109

中国版本图书馆 CIP 数据核字（2022）第 077594 号

Big History vol. 15
Written by Jihyung CHO
Cartooned by Wooil LEE
Copyright © Why School Publishing Co., Ltd.- Korea
Originally published as "Big History vol. 15" by Why School Publishing Co., Ltd., Republic of Korea 2013
Simplified Chinese Character translation copyright © 2022 by CITIC Press Corporation
Simplified Chinese Character edition is published by arrangement with Why School Publishing Co., Ltd. through Linking-Asia International Inc.
All rights reserved.
本书仅限中国大陆地区发行销售

世界是怎样被连接在一起的
著者： [韩] 赵池亨
绘者： [韩] 李宇一
译者： 黄进财
出版发行：中信出版集团股份有限公司
（北京市朝阳区惠新东街甲 4 号富盛大厦 2 座　邮编　100029）
承印者： 天津丰富彩艺印刷有限公司

开本：880mm×1230mm 1/32　　印张：7.25　　字数：128 千字
版次：2022 年 8 月第 1 版　　　　印次：2022 年 8 月第 1 次印刷
京权图字：01-2021-3959　　　　　书号：ISBN 978-7-5217-4386-9
定价：68.00 元

版权所有·侵权必究
如有印刷、装订问题，本公司负责调换。
服务热线：400-600-8099
投稿邮箱：author@citicpub.com

大历史是什么？

为了制作"探索地球报告书"，具有理性能力的来自织女星的生命体组成了地球勘探队。第一天开始议论纷纷。有的主张要了解宇宙大爆炸后，地球是从什么时候、怎样开始形成的；有的主张要了解地球的形成过程，就要追溯至太阳系的出现；有的主张恒星的诞生和元素的生成在先，所以先着手研究这个问题。

在探索过程中，勘探家对地球上存在的多样生命体的历史产生了兴趣。于是，为了弄清楚地球是在什么时候开始出现生命的，并说明生命体的多样性和复杂性，他们致力于研究进化机制的作用过程。在研究过程中，他们展开了关于"谁才是地球的代表"的争论。有人认为存在时间最长、个体数最多、最广为人知的"细菌"应为地球的代表，有人认为亲属关系最为复杂的白蚁才是，也有人认为拥有最强支配能力的智人才是地球的代表。最终在细菌与人类的角逐战中，人类以微弱的优势胜出。

现在需要写出人类成为地球代表的理由。地球勘探队决定要对人类怎样起源、怎样延续、未来将去往何处进行调查和研究，找出人类的成就以及影响人类的因素是什么，包括农耕、城市、帝国、全球网络、气候、人口增减、科学技术和工业革命等。那么，大家肯定会好奇：农耕文化是怎样促使人类的生活产生变化的？世界是怎样连接的？工业革命是怎样改变人类历史的？……

地球勘探队从三个方面制成勘探报告书，包括："从宇宙大爆炸到地球诞生"、"从生命的产生到人类的起源"和"人类文明"。其内容涉及天文学、物理学、化学、地质学、生物学、历史学、人类学和地理学等，把涉及的知识融会贯通，最终形成"探索地球报告书"。

好了，最后到了决定报告书标题的时间了。历尽千辛万苦后，勘探队将报告书取名为《万物大历史》。

外来生命体？地球勘探队？本书将从外来生命体的视角出发，重构"大历史"的过程。如果从外来生命体的视角来看地球，我们会好奇地球是怎样产生生命的，生命体的繁殖系统是怎样出现的，以及气候给人类粮食生产带来了哪些影响。我们不禁要问："6 500万年前，如果陨石没有落在地球上，地球上的生命体如今会怎样进化？""如果宇宙大爆炸以其他细微的方式进行，宇宙会变成什么样子？"在寻找答案的过程中，大历史产生了。事实上，通过区分不同领域的各种信息，融合相关知识，并通过"大历史",我们找到了我们想要回答的"宇宙大问题"。

大历史是所有事物的历史,但它并不探究所有事物。在大历史中,所有事物都身处始于137亿年前并一直持续到今天的时光轨道上,都经历了10个转折点。它们分别是137亿年前宇宙诞生、135亿年前恒星诞生和复杂化学元素生成、46亿年前太阳系和地球生成、38亿年前生命诞生、15亿年前性的起源、20万年前智人出现、1万年前农耕开始、500多年前全球网络出现、200多年前工业化开始。转折点对宇宙、地球、生命、人类以及文明的开始提出了有趣的问题。探究这些问题,我们将会与世界上最宏大的故事相遇,宇宙大历史就是宇宙大故事。

因此,大历史不仅仅是历史,也不属于历史学的某个领域。它通过开动人类的智慧去理解人类的过去和现在,它是应对未来的融合性思考方式的产物。想要综合地了解宇宙、生命和人类文明的历史,就必然涉及人文与自然,因此将此系列丛书简单地划分为文科和理科是毫无意义的。

但是,认为大历史是人文和科学杂乱拼凑而成的观点也是错误的。我们想描绘如此巨大的图画,是为了获得一种洞察力,以便贯穿宇宙从开始到现代社会的巨大历史。其洞察中的一部分发现正是在大历史的转折点处,常出现多样性、宽容开放、相互关联性以及信息积累的爆炸式增长。读者不仅能通过这一系列丛书,在各本书也能获得这些深刻见解。

阅读和学习"万物大历史"系列丛书会有什么不同呢?当然是会获得关于宇宙、生命和人类文明的新奇的知识。此系列丛书不是百科全书,但它包含了许多故事。当这些故事以经纬线把人文和科学编织在一起时,大历史就成了宇宙大故事,同时也为我们提供了一个观察世界、理解世界的框架。尽管想要形成与来自织女星的生命体相同的视角可能有点困难,但就像登上山顶俯瞰世界时所看到的巨大远景一样,站得高才能看得远。

但是,此系列丛书向往的最高水平的教育是"态度的转变",因为通过大历史,我们最终想知道的是"我们将怎样生活"。改变生活态度比知识的积累、观念的获得更加困难。我们期待读者能够通过"万物大历史"系列丛书回顾和反省自己的生活态度。

大历史是备受世界关注的智力潮流。微软的创始人比尔·盖茨在几年前偶然接触到了大历史,并在学习人类史和宇宙史的过程中对其深深着迷,之后开始大力投资大历史的免费在线教育。实际上,他在自己成立的 BGC3（Bill Gates Catalyst 3）公司将大历史作为正式项目,之后还与大历史企划者之一赵智雄的地球史研究所签订了谅解备忘录。在以大卫·克里斯蒂安为首的大历史开拓者和比尔·盖茨等后来人的努力下,从 2012 年开始,美国和澳大利亚的 70 多所高中进行了大历史试点项目,韩国的一些初、高中也开始尝试大历史教学。比尔·盖茨还建议"青少年应尽早学习大历史"。

经过几年不懈努力写成的"万物大历史"系列丛书在这样的潮流中,成为全世界最早的大历史系列作品,因而很有意义。就像比尔·盖茨所说的那样,"如今的韩国摆脱了追随者的地位,迈入了引领国行列",我们希望此系列丛书不仅在韩国,也能在全世界引领大历史教育。

李明贤　　赵智雄　　张大益

祝贺"万物大历史"系列丛书诞生

大历史是保持人类悠久历史，把握全宇宙历史脉络以及接近综合教育最理想的方式。特别是对于 21 世纪接受全球化教育的一代学生来讲，它显得尤为重要。

全世界范围内最早的大历史系列丛书能在韩国出版，并且如此简洁明了，这让我感到十分高兴。我期待韩国出版的"万物大历史"系列丛书能让世界其他国家的学生与韩国学生一起开心地学习。

"万物大历史"系列丛书由 20 本组成。2013 年 10 月，天文学者李明贤博士的《世界是如何开始的》、进化生物学者张大益教授的《生命进化为什么有性别之分》以及历史学者赵智雄教授的《世界是怎样被连接的》三本书首先出版，之后的书按顺序出版。在这三本书中，大家将认识到，此系列丛书探究的大历史的范围很广阔，内容也十分多样。我相信"万物大历史"系列丛书可以成为中学生学习大历史的入门读物。

大历史为理解过去提供了一种全新的方式。从 1989

年开始，我在澳大利亚悉尼的麦考瑞大学教授大历史课程。目前，在英语国家，大约有50所大学开设了大历史课程。此外，在微软创始人比尔·盖茨的热情资助下，大历史研究项目团体得以成立，为全世界的青少年提供免费的线上教材。

如今，大历史在韩国备受关注。2009年，随着赵智雄教授地球史研究所的成立，我也开始在韩国教授大历史课程。几年来，为促进大历史在韩国的传播，我们付出了许多心血，梨花女子大学讲授大历史的金书雄博士也翻译了一系列相关书籍。通过各种努力，韩国人对大历史的认识取得了飞跃式发展。

"万物大历史"系列丛书的出版将成为韩国中学以及大学里学习研究大历史体系的第一步。我坚信韩国会成为大历史研究新的中心。在此特别感谢地球史研究所的赵智雄教授和金书雄博士，感谢为促进大历史在韩国的发展起先驱作用的李明贤教授和张大益教授。最后，还要感谢"万物大历史"系列丛书的作者、设计师、编辑和出版社。

2013年10月

大历史创始人　大卫·克里斯蒂安

THE BIG HISTORY

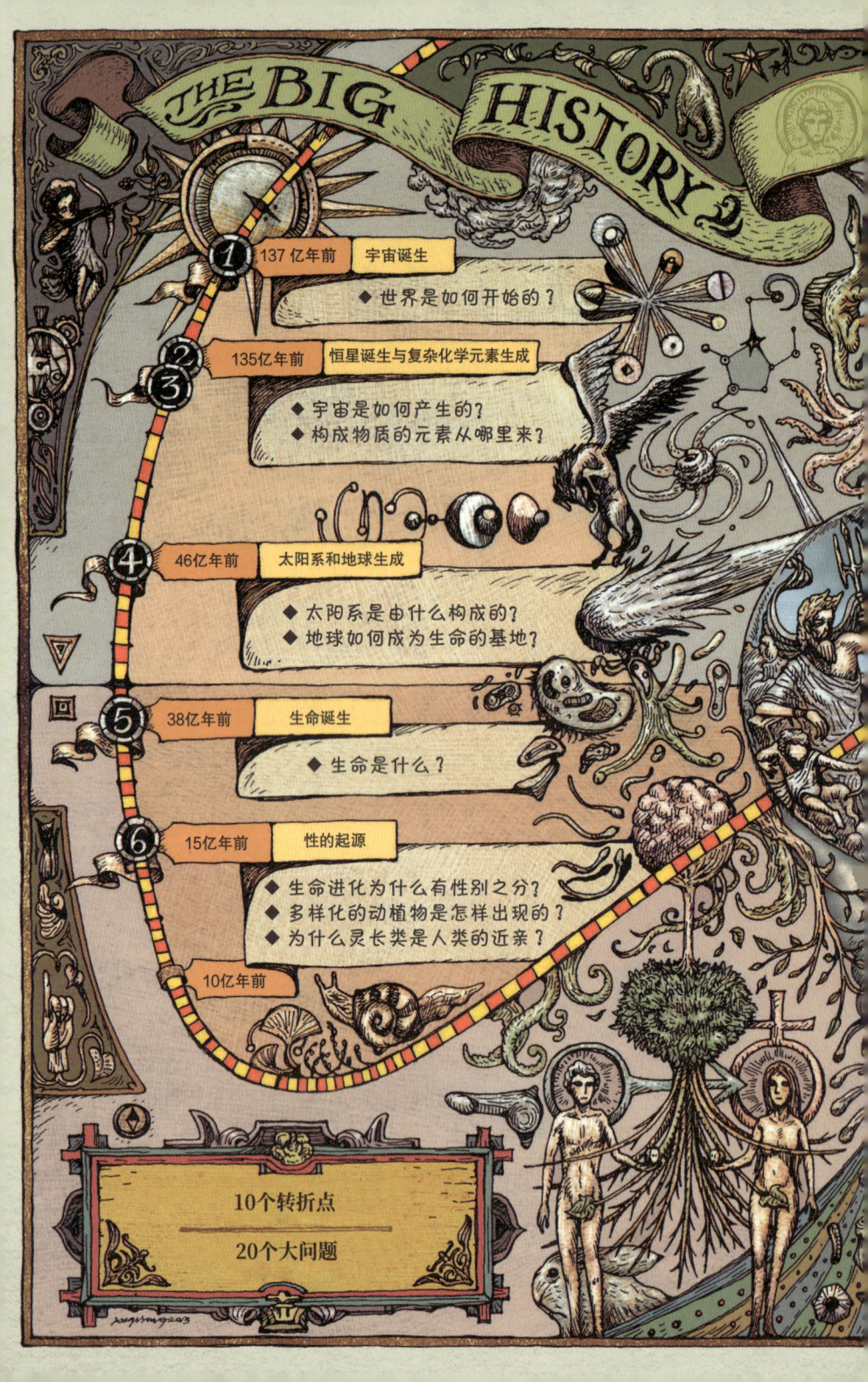

① 137亿年前 — 宇宙诞生
- ◆ 世界是如何开始的？

②③ 135亿年前 — 恒星诞生与复杂化学元素生成
- ◆ 宇宙是如何产生的？
- ◆ 构成物质的元素从哪里来？

④ 46亿年前 — 太阳系和地球生成
- ◆ 太阳系是由什么构成的？
- ◆ 地球如何成为生命的基地？

⑤ 38亿年前 — 生命诞生
- ◆ 生命是什么？

⑥ 15亿年前 — 性的起源
- ◆ 生命进化为什么有性别之分？
- ◆ 多样化的动植物是怎样出现的？
- ◆ 为什么灵长类是人类的近亲？

10亿年前

10个转折点

20个大问题

TIME-LINE

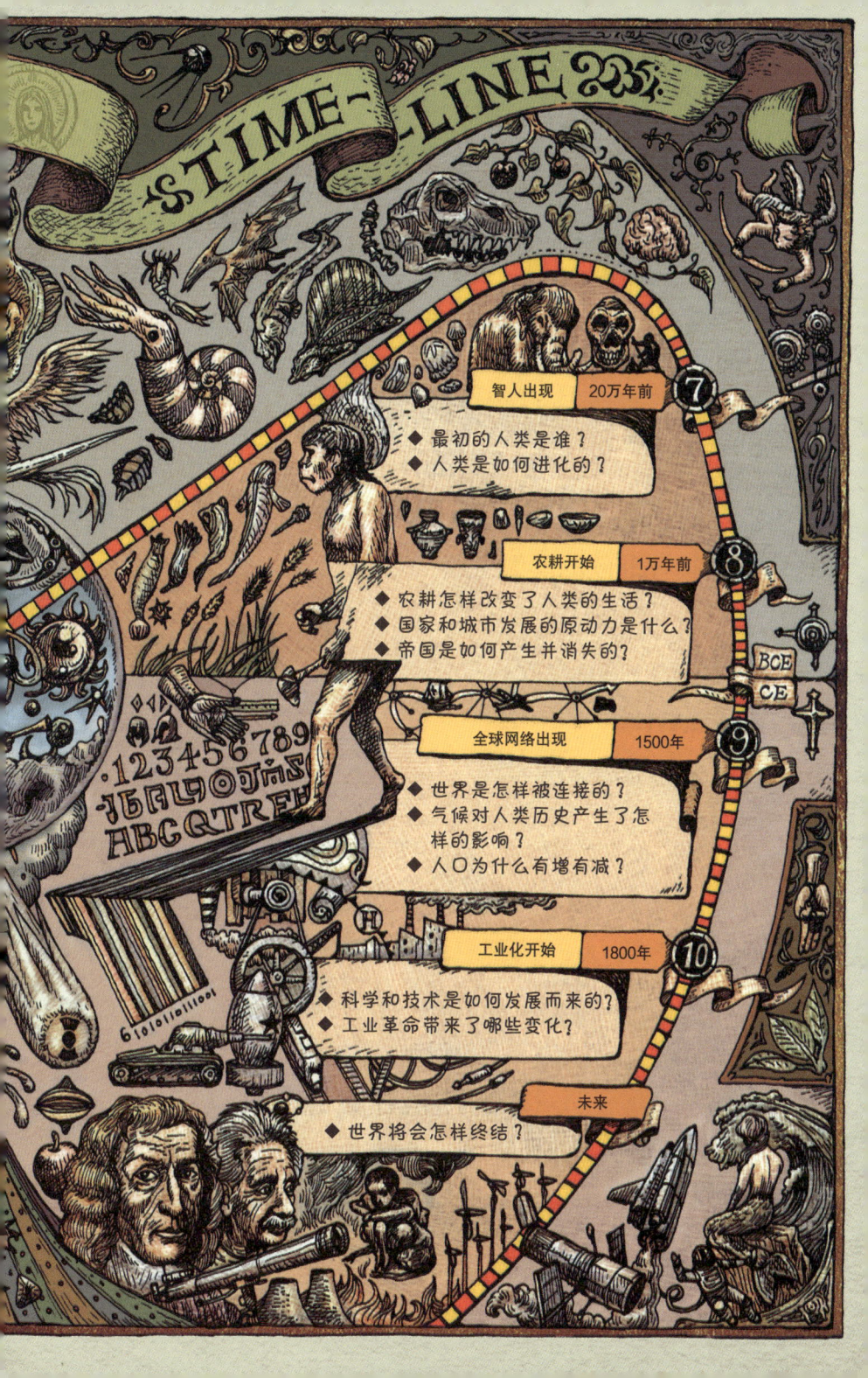

智人出现 | 20万年前 — ⑦
- 最初的人类是谁？
- 人类是如何进化的？

农耕开始 | 1万年前 — ⑧
- 农耕怎样改变了人类的生活？
- 国家和城市发展的原动力是什么？
- 帝国是如何产生并消失的？

BCE
CE

全球网络出现 | 1500年 — ⑨
- 世界是怎样被连接的？
- 气候对人类历史产生了怎样的影响？
- 人口为什么有增有减？

工业化开始 | 1800年 — ⑩
- 科学和技术是如何发展而来的？
- 工业革命带来了哪些变化？

未来
- 世界将会怎样终结？

目录

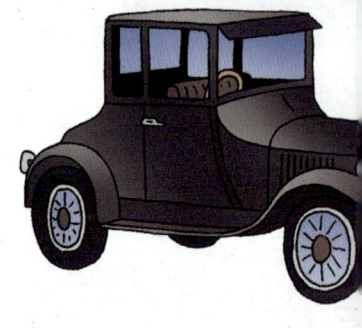

引言　世界是怎样被连接在一起的？　*1*

连接亚非欧的丝绸之路

1　张骞出使西域　　*7*
2　丝绸和玉的交易　　*16*
3　佛教的传播　*22*
4　安东尼瘟疫　*27*

拓展阅读

安息的骑马射箭技术　　*33*

横跨印度洋的海上丝绸之路

5　希帕路斯的季风航行　　*39*
6　香料贸易　　*45*
7　印度教的传播　　*51*
8　查士丁尼瘟疫　　*55*

发展中的亚非欧大陆

9　伊斯兰世界的形成　　*73*
10　骆驼商队的黄金贸易　　*81*
11　知识的统合与纸的传播　　*87*
12　鼠疫　　*93*

慧超天竺国游记　　*59*
航海时代的造船术和航海术　　*64*

蒙古帝国的扩张　　*99*
道路的两面——贸易、征服和朝圣　　*102*

目录　xi

美洲与大西洋之间的网络

13　哥伦布的探险　　*107*
14　土豆和三角贸易　　*114*
15　银的全球交换　　*117*
16　天花和黄热病　　*124*

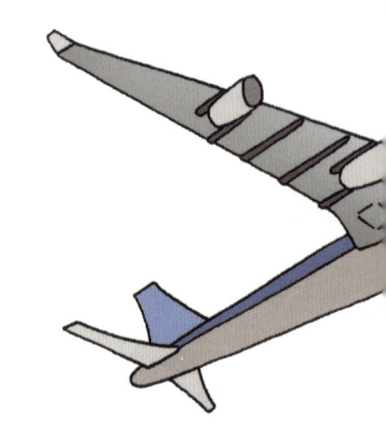

拓展阅读

奴隶贸易：非洲的悲剧　　*130*
瓦斯科·达·伽马的印度航道　　*136*

澳大利亚与太平洋的岛屿

17　库克船长的太平洋探险　　*143*
18　捕鲸和羊毛交易　　*151*
19　太平洋海上地图的完成　　*156*
20　梅毒和结核病　　*163*

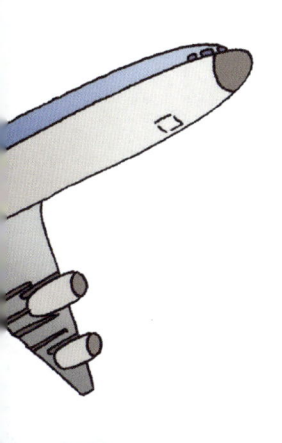

工业社会的全球网络

21　交通工具的发展　　*185*
22　通信网络的发展　　*194*

从大历史的观点看"全球网络"　　*207*

扰乱生态系统，引发灰色战争　　*168*
开启全球网络时代的造船术和航海术　　*172*

目录　xiii

引言

世界是怎样被连接在一起的？

我们生活在网络之中，生活在将全世界连接到一起的航空网、海运网、电话网、电报网、通信网、广播电视等大众传播网络、国际通商网、互联网、社交网络、人际关系网等名称和功能不同的网络之中。想了解由复杂多样的网络交织在一起的世界，我们可以采用一一学习或者分类学习的方法。而本书将通过分析世界是怎样被连接的历史，来解析我们如今生活的网络。

网络，简单来说就是网，也就是具有像网一样交织在一起的结构或者形成这种构造的东西。提起网络，我们最先想到的就是互联网。

网络从本质上说是由点和线组成的。如果把我周围的人际关系用网络来描绘的话，那么我周围的人就相当于一个个点，两个人之间的关系就可以用线来表示。在网络中，我们把那样的点称作连接点或者节点（node），把线称作连接线或者连线（link）。如果将这种网络的概念进行延伸的话，连接点可能是一个人，也可能是一个组织、企业、团体、国家或者地区，甚至网络自身都可能成为一个连接点。

在本书中，比起一一探究具体的历史事件，描绘宏伟的图景更重要，这正是大历史的目的。因此我们着眼于超越国家的更大单元（地区）被连接起来的历史现象。比如说，我们探究比韩国、中国或者东亚更大的地区，也就是亚欧大陆、美洲、大洋洲等连接起来的过程。"地区"不仅仅是单纯的地理概念，也是一个动态的网络，多个网络连接在一起就会形成一个更大的网络。当然，在这个过程中，小的网络也不断被添加进来。

从现在起，我们将看一看在小的网络与大的网络连接到一起并不断发展强化的过程中，会发生怎样的现象。因此，我们来了解一下亚非欧是如何连接到一起的，全球网络又经过了怎样的发展过程，世界最终才被连接成今天这个样子。

本书使用的一些词语有具体的含义。"全球"的意思是"全地球"或者"环绕地球"。"世界"指的是古希腊世界、古罗马世界、伊斯兰世界等特定的文化圈。另外，

"亚非欧"的概念也很重要，是亚洲、非洲、欧洲的合称，这些地区不是一个个分离独立的社会，而是组成了相互影响的巨大的都市网络，从这个角度来说，应该把它作为一个历史单位来看待。

在大历史中，我们为什么要探究网络连接在一起的过程？最重要的原因是大历史的观点——复杂性的增加。从宇宙的起源、生命的进化，到人类文明的历史和未来，我们将关注导致复杂性激增的大转折点。

本书中所说的"全球网络的出现"是导致复杂性增加的10个大转折点之一。比如，如果有3个连接点的话，那么就可以画出3条连接点之间的线；如果有5个连接点的话，就会有10条连接线［n个连接点可以做出的连接线的数量是n×（n-1)/2］。当然在现实世界中并不是所有的连接线都可以实现连接，但是连接线增加的速度比连接点快。再来想想人口的增长。如果人口高速增长，那么社会的复杂性的增加将会比人口数量的增长更快。

那么我们设想一下，1 000个连接点组成的网络A和1 500个连接点组成的网络B相互连接。虽然网络A和网络B是由一条连接线连接起来的，但是将会形成一个由2 500个连接点组成的网络。在这个新的网络中，连接线在连接点增加的基础上呈现爆炸式增加的态势，尤其是将完全不同的文化和生活方式形成的网络相互连接，整个网络的多样性就会激增。连接网络的一条连接线增加就会使得网络的复杂性急剧增加。

在人类的历史进程中，城市、国家等连接点出现并形成连接线。人类对珍贵物品有需求，于是搭起了连接线并交换珍贵物品。尤其是统治阶级为了炫耀或者巩固自己的社会地位，常常灵活运用这些珍贵物品。即使在今天，扩展自己的社会网络依然是积累财富和提升自己社会地位的主要手段。换句话说，不管在哪个时代，拓展自己的社会网络无疑都是让人生更加丰富多彩、增加机会的好方法。

我们来看一看曾分散在地球各个角落的巨大网络相互连接的瞬间。在全球网络诞生之前，一个个网络被连接起来，人类历史的复杂性也随之急剧增加。而且，更大单位的网络并不是单纯地出现，它影响着全人类，并加深联系，持续加速发展。战争、传染病、自然灾害也使得因全球网络相互连接的人类无法回到以前。进入20、21世纪，随着通信网络的发展，全球网络更加紧密并得到强化。历史上，使网络之间形成连接线，并发展成为更大网络的重要转折点是什么呢？现在，我们就一起追溯到公元前，听听大历史讲述的网络故事。

连接亚非欧的丝绸之路

被扣留在敌国十余年，对联通东西方并开展贸易的意志不减的张骞这个小的连接，使得中国的网络和中亚、印度、西亚、东北非、地中海世界的网络连接到一起，并不断运转。丝绸之路的出现使得亚非欧大陆成为名副其实的一个历史单位。丝绸、玉、葡萄、汗血宝马、骆驼往来，连接起亚非欧的巨大网络，进一步提高了人类历史的复杂性。

张骞出使西域

1

公元前139年,汉武帝为了抗击匈奴,决定和匈奴西部的大月氏联盟,派使臣提议两面夹击,但是当时汉朝没有人知道去大月氏的路,人们对大月氏几乎一无所知,在此情况下,派遣高官去往大月氏的危险也就无从知悉。出于这个原因,选拔出来的人正是当时守卫汉朝皇宫的下级官员张骞。对于出生在汉朝一个小村庄之中,只是一个小官的张骞来说,出使成功的话,将会同时收获财富、名誉和地位。

张骞一行要去往大月氏,必须

西域

西域是汉以后对玉门关、阳关以西地区的总称,包括亚洲中、西部,印度半岛,欧洲东部和非洲北部在内。"出使"是指接受国家或者君主命令的使臣携令而去往他国。

8　世界是怎样被连接在一起的

张骞出使西域图

敦煌莫高窟第323窟中的壁画。汉武帝（右侧）在马上下达命令，张骞（左侧）跪着接受命令

途经匈奴。可刚一进入匈奴地域，就被匈奴扣留了。匈奴单于不仅从张骞那里了解到了很多关于汉朝的信息，还期待张骞能够为其效力。张骞在之后的十余年中，一直作为匈奴的俘虏在当地生活，并和匈奴

单于
匈奴最高统治者的称号。

1　张骞出使西域

的女人结婚生子。

后来有一天,张骞利用监视松散的间隙成功逃脱了。他逃出了匈奴的地盘,越过今天的帕米尔高原,最终到了大宛。张骞在那里第一次见到了葡萄,还请求大宛王帮助自己到达大月氏,并且承诺在完成任务回到汉朝后,会说服皇帝同意让大宛和汉朝开展贸易。

作为使臣被派遣十余年后,张骞终于沿着北部天山山脉到达了大月氏。但是在此期间,大月氏内部发生了变化。由于大月氏社会安定,想要抵抗匈奴的意愿越来越弱,无论如何都不愿再进行战争。张骞的联盟提案没有成功。协商失败的张骞为了回汉朝,放弃了从匈奴来大月氏的北路,选择了沿着昆仑山脉前进的南路。这是因为张骞觉得南路比北路更安全。但是张骞在通过匈奴地盘的时候再次被扣下。一年多之后,匈奴因王位之争发生内乱,张骞利用这场政治混乱的间隙和家人一起回到了汉朝。

虽然张骞没能使汉朝和大月氏成功联盟,但是张骞回来时走的道路,即沿着塔克拉玛干沙漠南部,一直到包括大月氏在内的中亚各地的信息大有用处。最重要的是,通过张骞的西域之行,人们得知了通往西域的具体道路。特别是张骞清楚地知道沙漠中哪里有绿洲,这为以后灵活运用地形来击败匈奴做出了巨大的贡献。

张骞还向汉武帝禀报了关于可以日行千里的"天

马"，即汗血宝马的见闻。张骞在第一次见到葡萄的大宛见到了汗血宝马。传说汗血宝马是和神马交配生出的马。汉武帝相信如果得到了汗血宝马，骑兵的机动能力和军事能力就会大幅提高，从而可以征伐匈奴。因此汉武帝急切地想要寻找汗血宝马。他的两批远征军在付出巨大牺牲之后才终于得到了汗血宝马。汗血宝马以及改良、饲养马的技术在汉朝传播开来，朝廷甚至还出台了关于马的政策。优良品种的马和从安息传过来的骑马射箭技术相结合，使得汉朝的军事能力进一步增强。

最终，政治内乱衰弱的匈奴在和汉朝的战争中败北，不得不向北远远地后退。自此以后，汉朝控制了丝绸之

天马
张骞说天马一天可以轻松行千里，因流着血红色的汗水而被称为汗血宝马。

丝绸之路
狭义上的"丝绸之路"是指运送丝绸等物的交通要道。但是由于中国的丝绸卖往世界各地，所以"丝绸之路"之名被广泛使用。一般来说，丝绸之路是连接着塔里木盆地周围的绿洲国家，向东经过长安、高句丽，直到日本，向西连接着巴格达、叙利亚、罗马的贸易道路。

新罗天马图

不管在哪个时代,都可能会发生战争。就像在信息社会中,网络的速度很重要一样,在利用马进行征服战争的农耕社会中,马的速度极其重要。汗血宝马被认为是比其他马跑得更快的优良品种。位于庆州天马冢的天马图,极富想象力地展现了西域良马的威力

路,实现了将丝绸等本国特产和西域直接交易。虽然想要通过外交结盟进行贸易的目标未能达成,但是张骞在出使的道路上获得的信息和对贸易的重视最终使他成为"丝绸之路的开拓者"。

那么,我们再来看一看张骞出使西域之前匈奴所处的社会状态。

秦汉之际，匈奴单于统辖大漠南北广大地区。汉初，匈奴不断南下攻扰，汉朝基本采取防御政策。汉武帝时，对匈奴转采攻势，多次进军漠北，匈奴受到打击，势力渐衰。其间发生内乱，部分匈奴附汉，之后与汉经济文化交流频繁。

另外引人关注的是拒绝张骞联盟提案的大月氏。匈奴在征服周边国家的过程中，游牧生活的月氏也败给了匈奴。月氏的大部分遗民离开了故乡，迁徙到西边，并建立了国家，称"大月氏"。在张骞被匈奴扣留的十余年间，大月氏征服了周边，掌握了和安息之间的贸易通路，势力大增。位于亚欧边界的大月氏从匈奴那里进口汉朝产的丝绸等物品，并以更高的价格出口到西边的安息。

匈奴和大月氏从很久以前就通过朝贡、侵略、交易等方式获得丝绸，丝绸经西域的安息或印度，传到欧洲、非洲等地。还有一点要提一下，那就是张骞出使西域的时候，汉朝连知道如何去大月氏的路的人都没有，但是，丝绸却在众多商人的推动下已经开始交易。

事实上，早期文明形成的年代比丝绸之路早，从公元前4000年开始，就有了通过美索不达米亚到埃及、地中海东海岸和巴勒斯坦地区，伊朗和中亚，希腊的欧洲地域和西伯利亚，以及中国，一直到朝鲜半岛的青铜文化传播的草原之路。

那么，我们怎样看待张骞的西域之行呢？从全球网络的观点来看，张骞将汉朝和大宛这两个连接点连接到一起这件事，不过是整个网络中很小的一部分。但是在汉武帝创造的汉朝政治、军事稳定的基础上，随着商人在张骞经过的西域北路和西域南路不断往来，经济贸易和文化交流进一步扩大。被扣留十余年但想开展贸易的意志仍不减的张骞这个小的连接，使中国的网络和中亚、印度、西亚、东北非、地中海世界的网络相互连接，它不是作为一时的、单方面的网络，而是作为日常化的、定期运转的网络被创建的。中国的丝绸曾经通过匈奴间接进入中亚和地中海世界，但如今却不用经过匈奴而可以直接交易，间歇性的体系转变为日常化的定期交换的体系。

从大历史的观点来看，这个巨大网络的出现使亚非欧大陆成为名副其实的一个历史单位。丝绸之路的突然敞开和交换方式的转变，使这个巨大的网络飞速发展。最重要

青铜之路

青铜文化从美索不达米亚传播到亚非欧大陆。虽然不能确定青铜文化经中亚传入中国的道路就是草原之路，但是在很大程度上都一致。很显然，早在公元前2000—前1000年，就已经存在往来于亚非欧大陆之间进行交换的道路。

的是网络变得更坚固，并作为一个真正的体系开始运转。不仅仅是丝绸，比以前更多的物品和思想也得以交换，并且是快速交换，而且随着亚非欧大陆之间多种多样的物品、思想、宗教、人和动植物的往来，人类历史的复杂性更进一层。其后出现的历史都直接或间接地与名为亚非欧大陆的历史舞台相连接并不断发展。

从长远来看，丝绸之路以快速增加人类历史复杂性的方式成为大历史的转折点。张骞开拓丝绸之路之后，不仅带来了葡萄、黄瓜、良马、疾病等生物学意义上的交换，而且也促成了佛教等宗教和思想的交流。丝绸和马的交换不仅使财富发生了转移，而且带来了文化的转变，尤其是统治阶级和统治领域的文化。连接丝绸之路两侧的区域都在经历复杂性的变化，同时还不断地发展复杂性。像这样增加的复杂性波及亚非欧大陆的各个地区，并创造了丰富的知识、技术以及文化。

2 丝绸和玉的交易

中国汉朝的使臣张骞开辟了从汉朝的长安出发，途经中亚，连接地中海世界的贸易道路，给商人带着丝绸等到达欧洲提供了契机。那条贸易道路就是丝绸之路。19世纪，德国地理学家李希霍芬注意到这条贸易道路的主要交易物是丝绸的事实，于是将其命名为丝绸之路。

在陆上丝绸之路上交易的，以体积小、重量轻、珍贵的物品为主。因为陆路主要以人力、马或者骆驼为主要运输工具，所以很难运输重且体积大的物件。在重量和体积差不多的情况下，交易的主要对

> 丝绸之路后来所指范围逐渐扩大，以至远达亚、非、欧三洲，并包括陆、海两方面的交通路线。

象理所当然是珍贵的物品。这是因为即使以同样的方式运输，珍贵的物品也能够获得更大的利润。比如说仅在中国才生产的丝绸等物品就属于这类。尤其是在其他地区，像丝绸这种珍贵的物品会成为体现普通大众和富有阶层、权贵之间文化差异的身份标识，因此必然会被推崇为更有价值的物品。

据推测，丝绸大约从公元前3500年开始在中国使用，在公元前1100年左右制作的木乃伊中也发现了丝绸。虽然不知道当时丝绸传播的具体路径，但有可能是经过印度传播到埃及的。很明确的一点是，丝绸从古代开始就已经是亚非欧大陆上最贵、最赚钱的奢侈品了。

特别是在罗马，丝绸的价值和相同重量的黄金差不多。有记录表明，当时罗马恺撒大帝在去剧场的时候一定要穿着奢华的丝绸服。罗马帝国第二位皇帝提比略为了防止过度的奢侈，还下了禁止男性穿丝绸衣服的命令。

罗马可以如此灵活地进行丝绸消费，多亏张骞开辟的丝绸之路稳定促进了贸易。先后掌控波斯地区的安息帝国和萨珊帝国垄断了由汉朝生产、经大月氏而来的丝绸的贸易，获得了极大的经济收益。

萨珊帝国
它是推翻安息帝国统治后创立的。

随着亚非欧大陆对丝绸的需求

2 丝绸和玉的交易

大幅增加，主要的消费国为了找到丝绸的生产技术，即养蚕技术和丝织技术，付出了很大的努力。但是汉朝严格控制养蚕、丝织技术的外流，保持了对丝绸生产的垄断。直到2—3世纪，最迟到6世纪，这些技术才从中国传播到波斯地区，随后又传播到了拜占庭帝国等欧洲地区。

通过丝绸之路，中国中原地区的丝绸等各种物品传到西域，同时从西域传到中原地区的物品也很多。品质优良的埃及琉璃、于阗玉（和田玉）、被称为"天马"的大宛的汗血宝马、葡萄、黄瓜、核桃等传入中国。4世纪左右，名为草棉的一种棉花经丝绸之路传入中国。这些物品中值得关注的就是玉。

玉作为宝石的一种，是非常珍贵的矿物，由于其剔透的光泽和清脆的声音，所以被赋予了美、永恒、纯洁等文化意义，主要用于制作饰品。另外，玉也被用来制作祭器，被认为是具有神奇功能的物品，可以防止腐烂，保持清洁、健康和实现长寿。

古代中国人相信，人去世后，灵魂虽然会离开肉体，但是如果将肉体保存完好的话，灵魂会再次回到肉体上。他们认为玉具有将尸体保存完好的神奇功能，因此会给死者穿上用玉制作的衣服。当然，这是流传于买得起用玉制作的衣服的富有帝王和上流贵族之间的传说。

因此，玉是社会身份的象征，也是祈求长生不老的统治阶级权贵的文化象征物。外部的玉和内部的还魂思想结合，创造了一种新的文化风俗。

玉大约在公元前1600年从塔里木盆地传入中原地区。因为于阗生产的玉堪称极品，所以玉的交换道路以于阗为中心向东西延伸。938年，后晋的皇帝为了寻找制作玉玺的玉而派特使前往于阗。特使在于阗用四年左右的时间，了解到

塔里木盆地
位于今天中国新疆维吾尔自治区南部，天山和昆仑山、阿尔金山间。

2　丝绸和玉的交易

> **后晋**
> 在唐朝灭亡之后、宋朝建立之前的混乱时代，先后统治中原的五个政权（后梁、后唐、后晋、后汉、后周）之一。

了玉的开采方法，还写了游记。

大月氏控制着于阗和中原的玉的交易，我们把其往来的道路称作"玉石之路"。沿着这条路，从波斯和罗马采集的玉也进入中原，传到朝鲜半岛。玉石之路相当于丝绸之路中的西域南路，是一个由于阗向东西延伸的交换网络。

"玉石之路"先于丝绸之路出现并为丝绸之路奠定了基础，之后成为丝绸之路的一部分。玉石之路虽然使中原的网络和中亚、印度、西亚、东北非、地中海世界的网络通过一条纤细的线连接，但是在使两个网络组成一个巨大的网络方面并没有做出实质性的贡献。从大历史的观点来看，玉石之路只不过是构成丝绸之路的一个要素罢了。

西汉时期的金缕玉衣

玉衣不仅表现出古人以玉殓葬可保尸身不腐的观念,而且表明死者高贵的身份。玉衣随葬有等级区分,据《后汉书》记载,皇帝使用金缕玉衣;诸侯王、列侯、始封贵人、公主用银缕玉衣;大贵人、长公主用铜缕玉衣

3 佛教的传播

正如我们前面所说的那样，通过丝绸之路，丝绸和玉等珍贵的物品得以交换。虽然我们称其为"贸易"道路，但在这条路上并不是只能交换物件。在贸易道路上，文化、思想、宗教等无形的非物质东西也不断进行交流。对宗教充满热情的传教士经常同商人一起或者跟随其后，长途跋涉。传教士从远行的商人那里得到了很多关于"闻所未闻地区"的消息和信息，也通过商人的介绍获得了和那儿的人见面的机会。但是作为回报，传教士必须为商人献上神的祝福，使其具有面对远距离旅行危险的勇气。

公元前 6 世纪诞生于印度的佛教，在公元前 3 世纪孔雀王朝阿育王统治的时期得到广泛传播。阿育王不仅向今斯里兰卡、缅甸等邻国，还向波斯、叙利亚、希腊、马其顿、埃及、北非派遣传教团。佛教沿着贸易道路传播到了东南亚地区，在公元2世纪左右，佛教向西北、向北，沿着丝绸之路翻越帕米尔高原，传播到了中国、朝鲜半岛和日本。至此，最大规模的佛教文化圈形成。

起源于印度的佛教在丝绸之路的网络中传播，并自然而然地和各个地区的文化结合起来。佛教经波斯和亚历山大大帝统治的印度西北地区，和希腊文化相融合，形成了犍陀罗艺术。在这以前，印度宗教文化从来不描绘神的形象，受希腊文化的影响，创造了佛陀。犍陀罗艺术也通过丝绸之路对东亚产生了影响。

佛教也被吸纳各种宗教的波斯接受。特别是在3世纪，佛教和基督教、琐罗亚斯德教等相融合，形成了摩尼教。摩尼教将人间描写成一个善和恶、灵性和物质性相斗争的世界，并告诉人们最终善的世界一定会取得胜利。摩尼教厌恶物质主义，主张禁欲，对外国的传统文化持灵活的立场；在传播的过程中也吸收了基督教、佛教的宗教特征和多样的地域特征。摩尼教借助丝绸之路向东传播到中国，向西传播到罗马和地中海地区。

佛教在丝绸之路传播过程中的主力军正是远距离行走的商人。丝绸之路上的绿洲城市和地区为了生存只能依靠商人。其结果就是，绿洲社会也认可了佛教徒及商人的信

犍陀罗风格佛像

印度和波斯帝国之间不断相互影响。特别是亚历山大征服波斯的时期，也吸收了希腊文化。佛教徒在受到希腊人将所信的神雕刻成人类形象的影响下，也开始制作佛像。犍陀罗艺术地区制作的佛像和希腊人的面貌相像这一点很独特。犍陀罗艺术经丝绸之路传播到了朝鲜半岛，新罗时期的石窟庵的本尊佛像就是其中的代表

仰和宗教价值体系，也允许修建佛教寺院和僧院。从3世纪到9世纪，成千上万名印度僧侣跟随佛教徒商人到中亚和中国旅行，中国的僧人也通过丝绸之路去中亚和印度求法。长期存在于丝绸之路上的聚居区更加国际化，随着佛教的进一步传播，这些地区的人自发改信宗教的事情频繁发生。

在这个过程中，张骞曾想要结盟的大月氏的一个分支移居北印度地区建立了贵霜王国，该王国进一步传播了佛教。特别是2世纪，贵霜王国迦腻色伽在向北印度、中亚和阿富汗地区扩张的过程中，广泛传播佛教。贵霜王国的僧侣沿着丝绸之路进入中国，并在翻译佛经方面做出了贡献。但是由于受到了中国本土儒教和道教文化的排斥，大约经过了500年佛教才在中国站稳脚跟。佛教起初被广泛认为是外族的野蛮宗教，虽然佛教的寺庙和寺院的占地面

佛教的传播

佛教通过陆路和海路传播到整个亚欧大陆。在丝绸之路上来来往往的商人积极传播意在拯救苍生的"大乘"佛教。在这个过程中，以主张僧侣个人解脱的教派称为"小乘"。佛教向西一直传播到了地中海世界，甚至对摩尼教的形成有一定的影响。

积很大，但是却被免税，不用缴纳税款，佛教的禁欲主义不仅对中国经济的繁荣没有多少帮助，而且还被指责违背自然的社会秩序，瓦解家族。

虽然在罗马帝国灭亡之后仍有很多丝绸通过丝绸之路的网络流通，但是和以前的局面却不同。起源于印度的佛教通过丝绸之路的网络进行传播的同时，印度与中亚、中国的关系更加紧密，变得更加团结。通过佛教团结的亚洲文化圈慢慢有了共同的价值和理念以及来世观，沟通和通商的可能性不断提高。从这一方面来说，在丝绸之路的网络中，欧洲的重要性相对降低。欧洲和亚洲不同，欧洲向世界传播基督教。

宗教与其他物质的、精神的要素相比，是形成集团或者地域认同感最重要的要素之一。宗教是引导人类长期变化的重要因素。它通过赋予集团或者地域内部安定，为内部的发展做出贡献，通过外部的矛盾和竞争来强迫对方变化。因此，从大历史的观点来看，宗教与其说是带来了历史的转折点，不如说是促进了历史发展的深化。丝绸之路的网络通过佛教强化，佛教也进一步促进了东亚世界的团结。

4 安东尼瘟疫

与新的地区的网络相连接并不总是伴随着机会和幸运。在历史上，与新的地区的网络构建常常伴随着危机和不幸。在通过军事征服或者通商不断扩大网络的地方，可以积累财富的机会和幸运随之而来。但是士兵、商人和传教士无法看到的微生物也随之而来。直到19世纪，微生物的存在才得到科学的确认，但是人们已经通过经验知道了外部人会带来外来疾病。

病原体是人眼看不到的微生物，可以在宿主上生存，也可以感染其他宿主。宿主可以是动植物，也可以是人类。比起狩猎-采集社会，通过宿主进行转移的病原体在农耕社会传播的可能性更大。这是因为在农耕社会中，很多人都集中在一个地方生活，病原体更容易快速传播。传染病不仅关乎人的生死，也会给社会带来巨大的变化。致命的传染病会造成人口大量死亡，不论其身份和贫富。它不仅会削弱现有的权力，使劳动力的价值提高，动摇社会体制，也会决定战争的胜负。传染病的盛行会带动医学、科学技术的发展。

法国微生物学家路易·巴斯德发现传染病是由病原微生物引起的。现在我们很清楚，传染病是沿着被病原体感染的人的移动路径传播的。网络规模越大，疾病传染的可能性就越大，也必然会向更广阔的地区扩散。在对医学知识一无所知的时代，丝绸之路的网络将欧洲、非洲、中亚以及东亚连接起来，铺设了一个华丽的交易舞台，病原体也跟随行路人的足迹迅速移动。

由于当时医学知识水平低，而且没有适当的检查工具，所以大部分的传染病无法准确地知道是什么病，只能被称作瘟疫。虽然传染病的记录流传了下来，但是由于缺乏医学知识，对于可以准确识别具体病名的基本症状的记录，因记录者的不同而不同，对病的症状的描述也极具主观色彩。

尽管如此，根据历史记录，165年罗马帝国暴发了一场致命的传染病。这场和天花类似的传染病发生在帝国的各个地区，肆虐了15年之久，之后逐渐消失。据推

维鲁斯皇帝

维鲁斯皇帝（161—169 年在位）和马可·奥勒留·安东尼是罗马帝国的首度共治皇帝。虽然他们具有同等的权限，但是事实上，奥勒留行使着更多的皇帝权力。

测，这场传染病首次发生于罗马征服美索不达米亚的塞琉细亚的过程中。从美索不达米亚归来的士兵带来的这种传染病到罗马仅一天，就造成数千人死亡，罗马帝国内大约有 500 万人丧生。10% 的士兵因这种传染病而失去了性命，罗马的军事力量受到了很大的打击，并最终导致了罗

4　安东尼瘟疫　29

马可·奥勒留·安东尼骑马像

马可·奥勒留·安东尼（161—180 年在位）是罗马五贤帝之一。英国历史学家爱德华·吉本赞扬五贤帝时期的罗马帝国是一个在元老院和皇帝妥协的基础上开创的"人类最幸福的时代"。马可·奥勒留·安东尼是罗马帝国全盛时期的最后一位皇帝。他还撰写了饱含哲学思考的《沉思录》，获得了哲人王的称号。罗马皇帝像大多在中世纪被破坏，唯一保存下来的马可·奥勒留·安东尼骑马像因被误认为是基督教的保护者君士坦丁大帝而幸存

马帝国的衰败。特别是有两位罗马皇帝因感染传染病而去世，分别是169年去世的维鲁斯和180年去世的马可·奥勒留·安东尼。

这场传染病因盖伦医生的记录而为后世所知。很多传染病的研究者认为记录中所说的症状和天花相似。数千年前，天花在印度暴发，并经匈奴传播到东边的中国和西边的欧洲地区。有记录表明，在161年至162年间，中国也因外来的传染病死了很多人。

在中国西北部边境地区，和游牧民族对峙的军队中发生了传染病，10名士兵中有3~4名死亡。大约250年，人们再次遭受猖獗的传染病带来的呕吐、腹泻、高烧、皮疹的折磨。以十几年为周期反复出现的传染病在顶峰时，一天在罗马就造成超过5 000人死亡。310年左右，中国在蝗虫泛滥和闹灾荒之后再次暴发了传染病。随大饥荒而来的艰苦时期里，100个人中只有1~2个人能生存下来。

这种高死亡率说明人们对这种传染病没有免疫力。如果人们有免疫力就不会有这么多人死亡。这意味着，这是该地区首次出现从外面传来的疾病。当时的人们对此束手无策，只能无助地等待死亡。

被传染病感染的帝国处于沉重的危机之中，面临即将灭亡的危险。外部流入的传染病和其他内部原因结合，发挥着复杂的作用，担当着灭亡帝国的角色。此外，传染病导致了往来的减少，因而贸易减少，对外来商品的消费急速减少，已经存在的交易网，即网络，也停滞不前甚至衰落。传染病不顾对外人和陌生人的偏见和警戒，越过高高的城墙，侵蚀网络中的主要城市。随着传染病扩散的范围扩大和强度增加，网络的凝聚力也渐渐消失。从大历史的观点来看，传染病削弱了网络，降低了贸易的品质和减少了物品数量，并对包括人类在内的动物和植物造成了破坏。网络并不是一条只给人们带来礼物的幸福之路。物质、文化、病原体等都是来往的通道和交换系统的一部分。

拓展阅读

安息的骑马射箭技术

安息的骑马射箭技术是一种在高句丽的壁画中也能看到的单式骑马射箭技术。这种骑马术不是单纯的骑马技术，而是骑在奔跑的马上找到重心，自由自在地活动（甚至是回望），用没有抓住缰绳的双手进行射箭的技术。这种技术对当时的欧洲来说不亚于20世纪初的坦克，令人恐惧。这种单式骑马射箭技术给敌人制造了一种人马一体的怪物——半人半马的错觉。

单式骑马射箭技术（公元前7世纪）

亚述的复式骑马射箭技术（公元前9世纪）

在单式骑马射箭技术发展之前，使用的是两人一组的复式骑马射箭技术。复式骑马射箭技术采用的是两人分别骑在奔跑的马上，骑手握着旁边射手的马的缰绳，而射手用双手射箭的方式。骑手和射手骑在马的后部，为了防止掉下马，他们必须用力将腿紧贴在马身上。因此要想掌握单式骑马射箭技术，就需要在马上安装鞍子，以便在马背上保持稳定、舒适的姿势，还需要有利用缰绳驾驭奔马的技术。

单式骑马技术因为最初在安息被开发出来,所以叫"安息的骑马射箭技术",但事实上应该是公元前9—前8世纪从蒙古北部草原地区的游牧民族那里传来的。在这个地区发现的阿尔赞墓葬中,挖掘出了很多马的遗骨,马鞍和缰绳等马具,由黄金装饰的箭头。虽然没有文字记录,但是通过发现的遗骨等推测该地区出现了单式骑马射箭技术。

蒙古北部草原地区
今俄罗斯西伯利亚中部地区。

胡服骑射
中原人穿着胡人的衣服骑马射箭。赵武灵王的臣子们都认为单式骑马射箭技术是蛮夷的战术,反对使用。

像这样,最初在蒙古北部草原出现的单式骑马射箭技术向东西传播,传播到斯基泰其他地区、安息和中国。最重要的事实是,单式骑马射箭技术是从东向西传播的。公元前700年,斯基泰骑马民族利用新的骑马射箭技术攻击了位于美索不达米亚的亚述帝国。亚述虽然也有用复式骑马射箭技术武装的军队,但是马头遮住了视野,在命中率极高的单式骑马射箭技术面前只能举手投降。公元前307年,战国时期的赵武灵王下令推行胡服骑射，并公开使用单式骑马射箭技术。

　　通过草原之路传播单式骑马射箭技术也像通过丝绸之路进行丝绸贸易一样，是一个重要的事件。单式骑马射箭技术不仅改变了战斗的方式，也决定着帝国的兴亡。

横跨印度洋的海上丝绸之路

陆上丝绸之路和海上丝绸之路并不是两条不同的道路，而是由复杂的网状结构连接起来的一个网络。希帕路斯只是将阿拉伯和印度船员从很早之前就一直使用的印度洋的海上道路让埃及和罗马知道了。但是埃及和罗马加入海上丝绸之路的贸易后，这个贸易网突破了巨大的自然屏障，巩固了亚非欧大陆的网络，对亚非欧世界形成一个连接单位做出了巨大的贡献。

5 希帕路斯的季风航行

公元前 45 年，希腊裔埃及人希帕路斯一出红海就停下了桨帆船，望着印度洋的另一边陷入了沉思。他眺望的大洋对面是印度。他萌生了无人有过的勇敢冒险的想法。

当时大部分的船舶都是从埃及出发，经过红海，沿着阿拉伯半岛南端的海岸航行，通过海湾入口的霍尔木兹海峡，经今伊朗和巴基斯坦海岸，到达印度西海岸。这条海上航线耗时约 4 个月，总里程达 8 000 多千米。

但是希帕路斯拒绝沿海岸航行，想要直接横渡印度洋。他打算利用印度洋上的季风快速到达印度，而且还会节省费用，获得利润。另外横穿印度洋的话，也不用支付通过沿岸国家领海时所需缴纳的税款。

希帕路斯在往返于印度洋的时候，关注印度洋上的风

的类型。大部分船员只关注风的方向。但是他想拓宽自己的思考范围，从宏观角度进行观察。夏天，风从大海吹向陆地。冬天，风从陆地吹向大海。简单来看，夏天，风从红海入口吹向印度方向，冬天则相反，风从印度吹向红海入口。因此他认为可以顺着季风，横渡印度洋。希帕路斯从红海入口的亚丁湾出发，开始顺着夏季风横穿印度洋，仅用40天就到达了印度的西海岸，然后顺着冬季风又回来了。毫无疑问，通过这次航行他获得了巨大的收益。

希帕路斯发现了季风的原理。夏天，陆地温度比海洋温度高，冬天，海洋温度比陆地温度高。在温度高的地区，空气上升，形成低气压，相对来说温度较低地区的空气下沉，形成高气压。空气，即风，由高气压吹向低气压，由温度低的地方向温度高的地方移动。因此，夏天，风从温度低的海洋向温度高的陆地吹；冬天，风从温度低的陆地向温度高的海洋吹。像这样随季节而改变风向的风被称作季风。

希帕路斯在开拓了新的航道之后，根据自己的经验编写了航行指南，让人们对季风有所认识。人们称夏季吹向印度洋的西南风为希帕路斯风。通过希帕路斯的季风航行，印度和埃及之间可以直接进行贸易，罗马和地中海世界的贸易也随之迅速发展，位于受季风影响的海上丝绸之路的港口也迅速发展。

在这之前，埃及流传着一个关于季风的故事。这个故事说，在公元前118年，有一个印度船员在红海遇险，后来被埃及人救起。获救的船员见到法老后说，如果能够帮助他回到印度，就告诉法老横渡印度洋的秘密。法老送给他香水和珍贵的宝石作为礼物，并下达了让欧多克索斯船长将他平安送回印度的命令。

欧多克索斯船长根据印度船员的指引，横渡印度洋，从红海入口出来后直接到达了印度的西海岸。这就是乘着季风前进的海上之路的航道。将印度船员安全送回国的欧多克索斯船长将各种香料和珍贵的物品带回埃及。两年后，欧多克索斯船长独自横渡印度洋，去了印度。

在欧多克索斯船长单独航行之前，埃及船员都是从亚历山大港出发，只航行到红海入口。因为没有走过从红海入口出发到印度的海上之路，埃及船员只能从阿拉伯或者印度船员手中购买印度的香料和珍贵的物品，所以急切地渴望和印度直接进行贸易。最终他们在因海上遇险而流落至埃及的印度船员的指引下，顺着季风，开辟了可以直接和印度进行贸易的海上之路。

那么最先发现印度洋季风的人是谁呢？历史学家并不认为发现印度洋季风的是希帕路斯或者欧多克索斯船长，又或者是某个印度船员。像张骞发现丝绸之路一样，希帕路斯只是被记录下来的一个象征罢了。发现印度洋季风的是无数次曾在印度洋上航行的无名的阿拉伯和印度船员。他们通过集体学习对印度洋的季风有了一些认识，并向后代传授。那么在希帕路斯发现印度洋季风的背景下，又隐藏着怎样的时代脉络？

希帕路斯出现的时代是公元前55年，尤利乌斯·恺撒征服埃及，成为罗马执政官进行统治的时期。恺撒征服高卢，并将罗马帝国的领土扩张到北海，占领了现在的英国土地。公元前48年，恺撒控制了埃及之后，助克娄巴特拉七世占据王位，成就了一段世纪之恋。由于罗马法只承认罗马市民之间的婚姻，因此恺撒和克娄巴特拉无法成

桂皮　　　　　　　　　　　　　　　胡椒

为法定夫妻。但是他们却有一个名为恺撒里昂的儿子，他们之间的爱情将以罗马为中心的地中海世界和埃及更加紧密地连接在一起。

在这样的时代背景下，埃及人希帕路斯发现季风对罗马扩张到印度洋具有重大意义。与此相反，从印度的立场来看，自己的香料和珍贵的物品经埃及流入罗马，并沿着罗马的道路，传到今天的法国和英国地区。随着罗马统治区域的扩大，对印度香料和珍贵的物品的需求也逐渐增加，罗马—埃及—印度之间的贸易也随之扩大。

5　希帕路斯的季风航行

就像张骞让汉朝知道匈奴和中亚各国灵活利用的陆上丝绸之路一样，希帕路斯让埃及和罗马知道，阿拉伯和印度船员从很久以前就一直利用的印度洋的海上丝绸之路。换言之，张骞和希帕路斯的行动让陆上丝绸之路和海上丝绸之路进一步拓展，使当时的经济快马加鞭地发展。汉朝和罗马这样巨大帝国的扩张，加之关于陆上丝绸之路和海上丝绸之路的网络知识更加精细和广为传播，亚非欧大陆的网络进一步强化。

陆上丝绸之路和海上丝绸之路并不是两条不同的道路，而是由复杂的网状结构连接起来的一个网络。不要误会，丝绸是通过海上丝绸之路交换的，香料也是。

从大历史的观点来看，陆上丝绸之路和海上丝绸之路在大体相同的时期内变为直接贸易的通路。在陆上丝绸之路，由通过匈奴进行间接贸换的方式变成了中国中原地区和西域直接贸易的方式。在海上丝绸之路，商船抛弃了沿岸航行的方式，选择了灵活利用季风横渡印度洋。通过这样的变化，陆上丝绸之路和海上丝绸之路突破了巨大的自然屏障，巩固了亚非欧大陆的网络，对亚非欧世界形成一个连接单位做出了巨大的贡献。

6 香料贸易

横跨印度洋的海上丝绸之路的贸易活动的确随着埃及和罗马的加入,变得更加繁盛。但是,作为当时最大的帝国之一的罗马,虽然加入了印度洋网络之中,却没有成为印度洋网络的中心。罗马是消费中心而不是生产中心。罗马贵族和市民支付的巨额财富流入了当时最昂贵的进口物品的主要产地——印度。实际上,海上丝绸之路的交易中心是印度。

罗马最重要的进口物品是香草和香料。乳香、没药等主要从阿拉伯南部和索马里北部传到罗马,胡椒等香料则从印度传到罗马。

香料是香气逼人、有辣味的食材。制作泡菜时除了要用辣椒、大蒜、洋葱、葱等,也要用到芥末和桂皮等香料。从公元前 3000—前 2000 年开始，在古埃及建造金字塔的劳动者为了补充体力和营养而吃大蒜和洋葱。这些香料是以植物的根、茎、叶、树皮和果实为原材料制成的。在欧洲，人们把给古希腊奥林匹克运动会胜利者戴的月桂叶作为香料使用。月桂树叶有去除肉腥味的功效，几乎所有的肉类料理中都会放。由于月桂树的粉末很容易变质，所以主要使用它的树叶。由于干枯的树叶比新鲜的树叶气味更好，所以都是将树叶弄干之后再用。但是欧洲的香料种类并不多。

相反，亚洲的香料品质优良，而且多样。其中重要的香料是用于生姜桂皮茶中的桂皮。但是在韩国经常提到的桂皮是肉桂树的树皮，欧洲所说的桂皮是桂皮香料，即用桂树的内皮制作的肉桂。这种肉桂主要由锡兰，即今斯里兰卡生产后向欧洲出口。

原本对单调的香料腻烦的欧洲人，通过海上丝绸之路的贸易接触到了肉桂，并痴迷于其独特的香气和防腐功能。肉桂是具有暖体、助消化、恢复视力、解毒功能的灵丹妙药。尤其是在埃及，相传由于其具有防止尸体腐烂的功能，所以被用作木乃伊的防腐剂，肉桂的名气也随之越来越高。罗马皇帝尼禄在自己的爱妾死后，他将罗马一年可以使用的巨量肉桂燃烧，之后肉桂的价格猛涨。肉桂以高价进行交易，是因为肉桂的制作过程和购入途径保密。

生活在公元前5世纪的历史之父——希罗多德甚至还有一个出人意料的推测。那就是，阿拉伯人为了在鸟儿新筑的巢里找到肉桂，会扔一大块儿肉给鸟吃，鸟叼着肉飞回巢里，无法承受肉块重量的巢就会掉下来，这时阿拉伯人就会趁机拿走鸟巢里的肉桂。在这个故事中，真实存在的就只有阿拉伯人热衷寻找肉桂的部分。阿拉伯人在今斯里兰卡找到肉桂，然后横渡印度洋，将它卖到埃及和欧洲。他们没有告知肉桂的具体产地是哪里。欧洲人对神秘主义十分狂热，他们将肉桂打造成神秘的商品，商人从中获得了极大的收益。由于肉桂交易显著活跃，所以一部分历史学家也称印度洋的贸易道路为"肉桂之路"。

比起肉桂，欧洲人对胡椒更加狂热。胡椒在欧洲曾被用作香料的总称，甚至出现了"像胡椒一样贵"的俗语，在香料中是最贵的。胡椒可以刺激食欲，去除肉、鱼等的腥味，具有杀菌功效。希波克拉底还将胡椒作为医药

海上丝绸之路的香料贸易

在早期香料贸易中，印度产的香料（胡椒、肉桂等）占很大的比重，但是后来东南亚的香料（丁香、肉豆蔻等）所占的比重渐渐提高。这种现象是随着海洋网络不断扩张到比印度更远的地方而出现的。

肉桂

桂皮是由肉桂树的细枝上柔软的内皮变干而成的。被叫作"天国制造出来的神秘药材"的肉桂在古代用于治疗腹痛和感冒

材料。

欧洲人认为像肉桂一样,胡椒也是通过神秘的方法寻找到的东西。对他们来说,胡椒是在天国制造出来并顺着尼罗河流入人间,由埃及的渔夫用渔网打捞上来的珍贵的香料。事实上,胡椒是在印度生产的,经红海和尼罗河,进入欧洲。但是,商人也对胡椒的产地守口如瓶,于是胡

胡椒

胡椒是用胡椒树的果实制成的香料。在胡椒果实没有完全成熟时摘取并沥干水分，会获得黑胡椒。如果摘取再成熟一点儿的胡椒果实，让果肉部分腐烂、脱落，只剩下白色的种子部分，就可以得到白胡椒。把刚成熟的红色果实泡在盐水和醋液里腌制，会得到粉红胡椒

椒越来越神秘，价格也就提高了。

因为印度西海岸的马拉巴尔海岸产的胡椒质量最好，所以欧洲商人为了能和印度进行胡椒贸易煞费苦心。希帕路斯能够发现季风的一个重要原因就是胡椒贸易。顺着季风航行的海上之路一被打开，胡椒贸易就急速发展扩大，罗马的胡椒消费量也大幅增加。胡椒在罗马的交易价格是

在印度本地交易价格的百倍以上，因此将胡椒带到罗马的商人获得了巨额财富。通过海上丝绸之路，胡椒被带走，罗马的金和银等巨额财富被带来，印度也由此上升为海上丝绸之路贸易的中心。

在利用印度洋的季风之前，印度北部内陆地区生产的长胡椒通过陆上丝绸之路传到亚洲和欧洲。沿着陆路传播的长胡椒被统治波斯地区的帝国垄断。但是随着海上丝绸之路的开通，印度沿海地带生产的黑胡椒向埃及和罗马直接输出。黑胡椒渐渐成为罗马流行的香料，随着罗马帝国的扩张，罗马的香料料理文化传播到了欧洲地区。不仅如此，从一度掠夺罗马的匈奴作为停止掠夺的条件要求支付1.4吨胡椒的记录中可以看出，就连匈奴也痴迷于胡椒文化。

当然，除了肉桂和胡椒之外，还有很多香料被大量交易。印度通过印度洋的网络出售香料，积累了巨额财富，为后来其在世界范围内传播佛教和印度教奠定了基础。罗马和埃及将印度视为拥有神秘灵药的令人羡慕的对象。一直到13世纪，印度都是世界地图上的头号国家，被描写成天堂。印度洋的网络不是单纯的贸易道路，有时是拥有神奇的、灵物的伊甸园或通往天堂的路。

7 印度教的传播

佛教的释迦牟尼和基督教的耶稣都是宗教的创始者。但是有一种宗教没有创始人,这就是印度教。它在印度与印度河流域文明一起产生,经过约 30 个世纪,与多种神话、传说、习俗等民间信仰结合,发展成为今天据说足有 3.3 亿余位神的民间信仰形态的宗教。印度教虽然继承了多神教的神话,但是它相信唯一的神——最高神以各种面貌显身。其中最重要的是三大神,即创造之神梵天、保护之神毗湿奴和毁灭之神湿婆。其中,崇拜毗湿奴和湿婆的人形成了大规模的宗派。印度教的信奉者大部分是印度人,印度人口众多,因此印度教是世界四大宗教之一。

印度教在 4 世纪左右,得到了笈多王朝的支持,并形成体系。只在宗教仪式方面使用的语言梵语在这个时期作

印度教的三大神

虽然将创造之神梵天、保护之神毗湿奴和毁灭之神湿婆奉为三大神，但是印度教的神有 3.3 亿余位。尽管一神论信仰中有这么多神很奇怪，但这是"绝对真理"。因为最高神梵天以许多其他神的形象出现，所以印度教徒可以信仰自己选择的神。因为这种独特性，信徒认为其他宗教也是印度教的一部分，所以可以看出其在宗教上的宽容，但也具有不是印度教徒的孩子不能成为印度教徒的排他性

为书面语复兴，梵语文学随着学校制度的建立和文字教育的开展而体系化。随着文字的普及，蕴含印度教教义的史诗流行，并为宗教的发展奠定了基础。印度教在印度迅速传播，因为它更重视与毗湿奴、湿婆进行个人交流，而不是富有的特权阶层所主张的佛教的涅槃。但是由于印度教

的包容能力很大，认为佛教和基督教也是印度教的一部分，并认同多种经传，所以不具有统一性。印度教极其强调神和个人的合二为一，最终成为个性很强的宗教。

笈多王朝虽然对印度教在印度的传播做出了贡献，但是在3世纪晚期到9世纪，统治印度南部和东海岸的帕拉瓦王朝在将印度教和印度文化传播到东南亚地区起到了桥梁作用。帕拉瓦王朝的商人和东南亚的原住民结婚，进一步传播了印度教和印度文化。这是在东南亚各地流传的传说。传说的内容大体是，一个印度人成为东南亚某地区的族长的女婿，并利用这一优越地位，行使统治权，最终建立了一个小国家。这样的传说通过商人传到东南亚后，展现出了印度文化成为占支配地位的精英文化的过程。

印度教没有传教活动，而是随着印度逐渐成为海上丝绸之路的中心，利用海洋网络，依靠运输香料的印度商人进行传播。但是，比起传播印度教的高级知识和教义，他们侧重于传播印度教的艺术主题和民俗文化。相反，精英阶层中的婆罗门以梵语为基础，将治理国家的行政技术和印度教的体系传播到了东南亚。通过这样的过程，印度教逐渐传播，在南亚地区，梵语形成的高级文化兴盛起来，雕塑以及建筑艺术品随之诞生。就像高句丽、百济、新罗通过接纳佛教强化了国家统治的正当性一样，东南亚的国家也通过印度教强化了国家权力的正统性。

特别是9世纪晚期到13世纪初，统治南印度的朱罗国就信奉印度教。就像罗马把地中海当作"罗马内海"一样，朱罗国通过征服马来半岛，将孟加拉湾变成了"朱罗内海"。随着朱罗国势力的扩张，印度教毫无疑问对东南亚地区产生了很大的影响。但是印度教却只能在与强调传教的佛教、伊斯兰教的斗争中萎缩。佛教是很多国家的国教，但是印度教却不能在除了印度之外的其他东南亚国家成为国教。

在印度洋的网络之中，不能认为印度教只是被动地从印度传播到东南亚。网络不是沿着某一方向单向流动。不管是在陆上丝绸之路的网络还是在海上丝绸之路的网络中，信息、人力和物品经常是多个方向流动，有时甚至是正好相反的方向。实际上，历史学家最近的研究发现，东南亚最先以大米作为粮食的痕迹，也证明了东南亚的冶金技术和青铜制造比印度早了约500年。航海术也比印度发展得早，所以与其说印度教是由印度传播到东南亚，不如说通过印度教，东南亚和印度文化相互交流。

查士丁尼瘟疫

8

随着陆上丝绸之路和海上丝绸之路的连接,亚非欧网络之间的交换变得活跃,以某些据点城市为中心,人口有所增加。西罗马帝国瓦解后,东罗马帝国(也称"拜占庭帝国")皇帝查士丁尼怀揣要重建全盛时期的罗马,开始了征服意大利的战争。当时东罗马帝国正在修建被称作"拜占庭文化之花"的圣索非亚教堂。以君士坦丁堡(拜占庭帝国的首都)为中心的东罗马帝国为了养活增加的人口,在很大程度上要依靠埃及的谷物。

据推测,那时在喜马拉雅山脚下的无名病原体,经过印度海岸,随着季风穿过印度洋,到达埃及。携带病原体的老鼠也在从埃及出发的谷物输送线上,病原体再沿着尼罗河向君士坦丁堡扩散。

查士丁尼一世

东罗马帝国皇帝查士丁尼一世（527—565年在位）下令编纂《国法大全》。他为了收复以前罗马帝国的领土而努力，并收复了其中相当一部分，还在君士坦丁堡建立了圣索非亚教堂。但是在他统治时期，因地中海网络扩张，瘟疫大肆暴发

这场瘟疫是人类历史上最残忍的大屠杀之一，从发热开始。被感染的人会发热，第二天腹股沟淋巴结、腋下会生疮，出现幻觉或精神恍惚，不出五日就会死亡。天一冷，病原体就会攻击肺部，更可怕的瘟疫开始蔓延，10人中有9人无法存活。有时一天会有1万多人死亡，尸体多到连埋葬都来不及。君士坦丁堡聚集了东罗马40%的人口，这场瘟疫仅在东罗马帝国就夺去了2 500万人的生命。这场瘟疫根据当时皇帝的名字被称为"查士丁尼瘟疫"。某位历史学家记录说，这场瘟疫"正在吞噬全人类"。后代的医学家还判断"查士丁尼瘟疫"和14世纪的鼠疫在很大程度上相似。

六年间，这场瘟疫席卷了整个欧洲，使人口骤减，随之而来的是农业的荒废和军事能力的弱化。由于消费基本切断，所有的贸易都中断，经济实力骤缩，最终行政体制也崩溃了。征服战争被迫中断，拜占庭帝国走向衰落。在这个过程中，伊斯兰世界以迅雷不及掩耳之势飞速发展。沙漠中日光强烈、气候炎热，携带病原体的老鼠无法穿越沙漠进入伊斯兰世界。阿拉伯半岛以伊斯兰教为纽带团结起来。相对来说军事能力弱化的东罗马帝国在和伊斯兰势力的战争中，只能败北。

另外，从印度向东开始传播的瘟疫到达了中国、朝鲜半岛和日本。639年，瘟疫突袭人口密集的新月沃地。仅

> **新月沃地**
> 西部亚洲"两河流域"及其毗邻的地中海东岸（叙利亚、巴勒斯坦一带）的一片弧形地区。因土地肥沃，形似新月，故名。

在叙利亚就有 2.5 万人死亡。接着穿过波斯，扩散到中国的瘟疫在 7—8 世纪多次在中国肆虐。这几次瘟疫造成不少的中国人死亡。在没有现代医学知识和卫生概念的当年，没有人能够推测出病原体是依靠老鼠和跳蚤传播的，存活下来的病原体在之后 200 年左右的时间里频频造成疫情，席卷欧洲、亚洲和非洲。在很长一段时间内，人们都不知道如何消灭查士丁尼瘟疫。鼠疫是通过老鼠进行传播的，疾病是通过细菌感染并传播也是在过了十几个世纪之后才知道的。

拓展阅读

慧超天竺国游记

虽然利用海上丝绸之路的网络到过印度的人很多,但是新罗僧人慧超备受韩国人关注。慧超在16岁的时候为了学习佛法,去了广州,跟从南印度来的密宗僧人金刚智学习佛法。慧超之后去往印度(天竺国)旅行,并写下了著名的《往五天竺国传》。

慧超在印度旅行期间,唱出了对故乡鸡林,即新罗的乡愁。

明月高悬的夜晚远望回乡路
浮云在天上来回摇曳啊
那边竟寄来了一封信
风太大而没有听到回答呀
我故乡的天空在北边
他人的故乡在地角之西啊
没有一只大雁从南方飞来

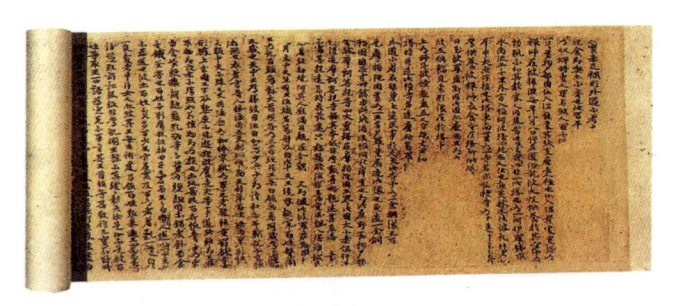

这是慧超考察了印度地区的五个国家的佛教圣地后写的手抄本（727年）。1908年法国汉学家伯希和在中国敦煌莫高窟藏经洞发现了这些珍贵文物，现被法国国家图书馆收藏

谁又会为了传递消息而飞往鸡林呢

慧超在4年间游历了印度和西域，并于727年回到大唐。他在《往五天竺国传》中详细记载了所考察地区的地理形态和气候、政治现状和对外关系、饮食文化和风俗、语言、宗教等。他不仅记录了印度地区的五个国家，也记录了伊斯兰世界的阿拉伯和波斯。

但不幸的是，《往五天竺国传》前半部分散失。据推测那部分记录的是慧超从广州去印度的旅程，即关于海上丝绸之路旅行的故事，令人遗憾。不幸中的万幸是，注释和解说《往五天竺国传》中出现的词汇的《一切经音义》被发掘出来。

通过分析这本书中收录的地名、风俗、特产等，得知慧超的旅行道路利用了海上丝绸之路。按照今天的地图推测，慧超的路线是，从广州出发，到胡志明市，再到苏门答腊，再到"裸形"，最后到塔姆卢克（印度东北部）。

但是这条海上丝绸之路并不是慧超一个人走过的道路，而是很多商人和船员来来往往的贸易道路。而且这有可能也是慧超的师父——金刚智来中国广州时走的道路。但是，金刚智是南印度人，所以从南印度出发；慧超到的不是南印度，而是印度的东北部，即恒河流域，所以应该利用的是孟加拉湾的其他海上之路。

那么，《往五天竺国传》中提到的"裸形"又是什么地方呢？裸形是裸体的意思，但是慧超也没有具体说明裸形到底是什么地方。我们先来看看与裸形相关的情况吧。

《新唐书》的地理志中对中国到阿拉伯和东非的海上之路有所说明。根据记录，它不是一条从苏门答腊出发，绕孟加拉湾航行，而是从尼科巴群岛出发，跨过大海，直接向今斯里兰卡航行的道路。根据14世纪前半期来亚洲旅行的伊本·白图泰的记录，在马来半岛西海岸的尼科巴群岛上生活着裸体的野蛮人。

　　这么说的话，尼科巴群岛会不会就是"裸形"所指代的地方呢？通过慧超的《往五天竺国传》无法直接知道，但是我们通过上述的情况可以推测，慧超经过的就是马来半岛西海岸的尼科巴群岛。

　　当然，裸形有可能不是形态特征上的描写，而是象征性的描写。也有可能是慧超在印度的吠舍厘国修

慧超的旅行路线
从慧超的《往五天竺国传》可以了解到，他在唐朝时从中国出发，通过海上丝绸之路到达印度后，又通过陆上丝绸之路回到中国。

行的时候，遇到了将裸体生活作为宗教修行一环的耆那教信徒，于是就将他们描写成"裸形"，所以这可能不是地名而是特定集团的代称。

　　但是不管怎样，慧超通过海上丝绸之路到达印度，并经陆上丝绸之路回到唐朝。很显然，不管走哪条路，都不是慧超开拓了新的海上之路，他只是沿着当时无数商人和船员使用的道路前行。他灵活运用了印度洋的海洋网络，沉醉在自己想要信奉的宗教之中，并在那个领域名声远扬。从慧超的角度来看，网络的祝福不是简单的给予，而是赋予那些急切渴望并且努力运用网络的人。

拓展阅读

航海时代的造船术和航海术

桨帆船 腓尼基人和希腊人建造了适合地中海自然条件的船舶。船一开始的形状和竹筏相似,后来渐渐发展成通过桨和帆获得动力的船舶。据说腓尼基最初建造并传播的桨帆船虽然有帆,但是航海时基本靠桨。如果想去的方向

桨帆船虽然悬挂着巨大的四角帆,但是主要借助桨,帆是辅助手段。一直到 15 世纪,桨帆船都是地中海中最重要的船舶形态。它速度非常快,机动能力也很强

顺风的话，就靠四角帆获得动力。当时海战基本采用将船舶相互靠近，然后跳到对方的船上进行近身战斗的方式，所以能够快速移动船舶就很重要。正是出于这种原因，桨帆船被制造成细长的形态。

但是由于桨帆船的干舷很低，所以很容易被地中海远海的高浪颠覆，这就是它的缺点。细长的船上空间很小，所以很难承载足够的给养。而且它只能依靠岛、山、海岸线的地形等自然标志来导航。因此桨帆船不能用于远海航行，只能用于沿岸航行。

干舷
从装满货物的船和水面接触的部分，到上层甲板边线上缘的垂直距离。

腓尼基双桨大帆船 腓尼基人将已有的桨帆船和其他帆船结合，制造了装载空间更大的圆形船。这种主要用于商业的圆形船，为了提高货物的装载能力，被改造成基本不使用船桨，只依靠帆的帆船。这种样式的船没有被应用于战争。但是细长形的桨帆船在平时用于商业，紧急情况下也会用于战争。

公元前 700 年左右，腓尼基人将划桨的地方设置成上下两层。配置了两层桨的船舶即双桨大帆船的两侧，船桨相互交叉，上面的一排桨和下面的一排桨互相不缠绕。桨的数目的增加最终保障了船的快速移动。

希腊三桨座战船 在公元前 500 年，希腊人不再使用两排桨的构造，而是改良成具备三排桨构造的船。希腊的三桨座战船比双桨大帆船移动速度更快。

腓尼基和希腊通过这样不断改进造船术，掌握了地中海的海洋网络。但是到公元前 450 年左右，沦为

由于桨帆船靠人直接划桨使帆船移动，所以人力怎样在船的内部进行配置将直接影响船舶的速度

附属国的腓尼基和希腊之间的霸权战争也就不可避免了。当时希腊面对贫瘠的自然环境和人口的增加，已经无法自给自足了。而腓尼基如同相邻的埃及和美索不达米亚一样，可以交易的物品也并不充足。最终，希腊还是压制了腓尼基，掌握了地中海的霸权。

三角帆的出现　继希腊之后，罗马帝国掌握了地中海的网络，从很多行省那里进口谷物和各种物品。从行省那里进口的物品在罗马交换后向行省出口。罗马是地中海网络的所有连接线交叉的节点，因此有句话叫：条条大路通罗马。

但是与温和的地中海和红海不同的是，印度洋是波涛汹涌的大海。为了成功地穿越宽广的印度洋，需要改良船舶。因此在红海和阿拉伯半岛南部海岸的造船厂里，坚实的船舶被建造出来。采用的不是传统的用椰子皮上的纤维连接、捆绑船板的方式，新的技术采取在接合处用木材通过凸起和凹陷进行连接，即榫卯接合的方式使船体更加结实，这成了一种加强型船舶。

三角帆和横帆不同，在船舶蛇形移动的过程中，可以逆风前行，这是它的优点。虽然三角帆并不能完全克服风的制约，但是人们因此拥有了可以逆风而行，去想去的地方的能力

除此之外，在罗马帝国初期，在地中海出现的三角帆被灵活运用在印度洋航海中。由于三角帆在接受斜风的时候，可以向着风吹来的方向航行，所以具有大幅提升船舶航海能力的优点。虽然此前我们认为三角帆最先在印度开始使用，随后传到地中海，但是最近的研究结果表明，其实是沿着相反方向进行传播

的。回到6世纪的话，不仅仅在印度洋，也在地中海，三角帆几乎代替了横帆，受到了欢迎。

  船舶的改善，即造船术的发展，极大地提高了船舶的航海速度和装载能力，大幅提高了逆风航海的能力，因此海军实力不断增加，经济实力也不断增强，对掌握地区霸权产生了很大的影响。我们可以知道，海洋网络中贸易的扩大和文化的扩散最终取决于左右海军能力的造船术的改善。

发展中的亚非欧大陆

✚ 阿拉伯半岛因伊斯兰教的传播和军事征服得以统一，商人和传教士在向埃及、美索不达米亚一直到印度积极地传教之后，埃及、美索不达米亚、印度河流域以伊斯兰教为中心统一起来。这还是第一次将这些大都市世界统一在单一的宗教和文化下，尤其是通过伊斯兰网络传播的知识和造纸术成为前近代知识转化为近代知识的条件之一。

9 伊斯兰世界的形成

随着中国和中亚通过丝绸之路进行直接贸易，伊斯兰世界在整个亚非欧大陆网络的前沿开始活跃起来。伊斯兰教由先知穆罕默德于 610 年创传。穆罕默德在青年时鲜为人知，据说他是一个骑着骆驼走遍阿拉伯半岛的香料商人。他在 40 岁的时候道破了含有顺服意思的"伊斯兰"，并想要传播通过顺从真主安拉来获得精神和肉体的和平的真理。穆罕默德以阿拉伯人一直重视的麦加为中心，吸收了欧

伊斯兰
"伊斯兰"是阿拉伯语 Islān 的音译，意为"顺服"，指顺服唯一之神安拉的旨意。

麦加
在今沙特阿拉伯西部，是伊斯兰教主要圣地。

洲、印度和中国文化，以数学和天文学等发达的自然科学为基础传播伊斯兰文化。佛教和基督教被认定为宗教历经数百年。而伊斯兰教则不同，它很快就获得了国家级规模支持，能够以更快的速度向外传播。

伊斯兰世界在三个主要地区不断结合的过程中，形成了跨越整个亚非欧大陆的共同的文化圈。伊斯兰世界东起东南亚，西至西班牙、葡萄牙和西非。南到东非的莫桑比克，印度洋也成为"伊斯兰内海"。如果把陆地和海洋都算上的话，统合这么大地区的文化圈在人类历史上前所未有。

从最初的文明出现的时候开始，埃及—美索不达米亚—印度河流域就已相互影响，并发展成为大都市世界。但是阿拉伯半岛通过伊斯兰的军事征服统一，商人和苏非传教士在向埃及、美索不达米亚，一直到印度积极地传教之后，已有的大都市世界以伊斯兰教为中心统一起来。大都市世界曾有过相互交换物品、交流文化，或者通过战争被单

西班牙
正式的名称是"Reino de España"。英语国名是 Spain。古罗马时期用拉丁语叫 Hispania。

大都市世界
当巨大的城市或者以巨大城市为中心的城市群，对周围地区产生支配性影响并不断统合时，将此统称为大都市世界。

苏非
伊斯兰教神秘主义者的称谓。追求内心纯净并穿粗羊毛衣以示俭朴，故名。以神秘主义与禁欲主义为主要特点。

一的政治权力统一一部分的经历，但在单一宗教和文化下统一，这还是第一次。通过这样的统合，物品、文化、知识、信仰以更快的速度定期进行交换，亚非欧大陆的网络随之更加丰富和稳固。

伊斯兰教出现不到一百年就掌控了整个阿拉伯半岛。这个地区主要是沙漠等干旱地带，公元前13世纪到公元7世纪，以半岛上到处都有的绿洲为中心，形成了父权的部族社会。在穆罕默德出现前，阿拉伯半岛不仅政治分裂，而且由于社会和宗教的矛盾深化，纷争不断。时至今日，阿拉伯半岛上也有小国家建立又灭亡，但没有一个政体能统治整个半岛。

穆罕默德在这样的混乱之中，谴责对土著神的崇拜、部族传统的价值等，开始传播后来汇集为《古兰经》的安拉的启示。他强调对神的绝对服从和与宗教的纽带。穆罕

伊斯兰世界的扩张

随着穆罕默德将阿拉伯半岛的大部分地区统一，出现了伊斯兰世界。正统哈里发时代之后出现的倭马亚王朝通过征收人头税和不排斥其他宗教的宽容政策扩大了版图。向东北方向扩张到撒马尔罕和布哈拉，向东南方向扩张到印度的旁遮普，向西扩张到今西班牙、葡萄牙。

《古兰经》

伊斯兰教经典,记载了穆罕默德从安拉那里得到的启示

默德以家人和亲近的朋友为中心传播的伊斯兰教渐渐传播到部族社会,建立了以超越血缘和地域关系的穆斯林共同体——乌玛为中心的新秩序。

630年,穆罕默德最终率领军队掌控了麦加。他将麦加的偶像都清除,并将麦加建成唯一的神——安拉的神殿,作为伊斯兰教的圣地。麦加一经作为伊斯兰教的中心,那些阿拉伯半岛上的分裂部族便改信伊斯兰教,形成

麦加是穆斯林一生想要参拜一次的、伊斯兰世界的第一圣地，也是先知穆罕默德的出生地

了统一的阿拉伯共同体。穆罕默德死后，早期的哈里发发动了迫使部族服从和忠诚的战争，这些部族要么是想脱离穆斯林共同体，要么阻碍了伊斯兰教的传播。在战争中失败的部族不得不改信伊斯兰教。

　　穆斯林用伊斯兰教统一阿拉伯

哈里发
指的是穆斯林共同体（乌玛）的最高领导者，阿拉伯语中有"继承者"的含义。

9　伊斯兰世界的形成　　77

半岛的方式征服了相邻地区。从661年到750年，倭马亚王朝掌控着东至印度河对岸，西至北非和伊比利亚半岛的领土。倭马亚王朝的总人口达数千万，在当时处于世界前列。约718年，阿拔斯王朝征服了印度西北部，掌握了印度洋网络的支配权；762年，将首都移至巴格达，伊斯兰势力的中心从地中海转移到印度洋。

对伊斯兰教的快速发展做出贡献的最后一支力量是穆斯林商人和传教团。穆斯林船舶从红海出发航行到南海的中国港口，还往返于东非莫桑比克之间。利用季风在海上<u>丝绸之路</u>进行贸易的船舶，在到达一个港口后往往要停留几个月，等待风向改变。最具代表性的停泊点是印度、苏门答腊、马来半岛、马六甲海峡等地的港口。在停泊期

伊斯兰世界的统一政策

一般来说，穆斯林统治者都准许新征服地区原有传统宗教继续存在，包容非穆斯林。但是穆斯林相对于非穆斯林来说，更容易取得权力和权威的地位。不仅如此，穆斯林享有低税负的优惠。伊斯兰国家不分男女、身份、收入，对一定年龄的人征收相同比例的人头税。虽然税率不会高到导致个人破产，但是对宗教的信念不足的非穆斯林却抵挡不住人头税制度的诱人政策。通过这种方式，形成了从伊斯兰教创建初期开始就通过国家政策支持来说服人们改信伊斯兰教的社会环境。

阿拔斯王朝的阿拔斯

推翻倭马亚王朝的阿拔斯王朝从 750 年到 1258 年，存续约 500 年，掌握了亚非欧大陆贸易的主导权，成为亚非欧大陆网络的中心间，穆斯林形成了定居点，并以此作为据点，使原住民伊斯兰化。

通过相似的方式，东非海岸地区也被伊斯兰化了。到1000年左右，非洲的一部分地区、整个东南亚、南太平洋列岛纳入伊斯兰世界。通过伊斯兰教的传播，亚非欧大陆的网络急速扩大，当时世界人口推测约为2.53亿，其中亚非欧大陆的网络中包含2亿左右。

在通过陆上丝绸之路和海上丝绸之路形成的亚非欧大陆的网络不断强化的过程中，伊斯兰世界的网络是最繁荣的。伊斯兰教不仅带来了政治的安定，对文化的认同也为日后亚非欧大陆的繁荣提供了很大支持。

10 骆驼商队的黄金贸易

在伊斯兰世界不断扩张的过程中,像连接好的道路一样起到重要作用的是骆驼。骆驼因其独特的生物学特征,尤其适应沙漠,所以它成为西亚和北非这些地区之间有用的运输"工具"。骆驼在干旱的沙漠中,最长可以在没水的条件下生存两周。如有必要,骆驼可以分解驼峰中的脂肪补充水分。与其他通过流汗来调节体温的哺乳动物不同,骆驼相对来说通过流更少的汗更好地保存水分,并长出厚毛发保护身体免受沙尘的侵袭。另外,骆驼口腔的表皮非常坚硬,可以吃粗草及灌木等沙漠植物,也可以先补充食物,再像牛一样反刍。

因为骆驼的这些特征很适合在沙漠中生存,所以在阿拉伯半岛,大约从公元前3000年开始,就将只有一个

> **商队**
> 在沙漠地带或者草原中，用骆驼或马背负特产商品进行交易的商人集团。

驼峰的单峰骆驼作为家畜饲养。中亚在约公元前2500年将双峰骆驼作为家畜饲养。

阿拉伯半岛南部产乳香和没药等高级香料。随着骆驼开始使用鞍子，向地中海世界运输香料的骆驼商队更加活跃，香料网络也快速发展到阿拉伯半岛的西部地区。通过在香料网络中占有一席之地并发展得最为突出的城市正是麦加。曾位于香料道路上的麦加是很多阿拉伯商人的据点城市，也是很多穆斯林前来朝拜的地方。

伊斯兰世界扩展到非洲，特别是撒哈拉以南地区。在1世纪左右，骆驼从阿拉伯传到非洲，300年左右，得益于搭上了新的鞍子的骆驼，满载香料的穆斯林商队不仅出现在阿拉伯半岛，足迹还扩展到了非洲，特别是撒哈拉以南地区。两百年后，西非的黄金开始成为交易的物品，横穿撒哈拉沙漠的商队数量激增。随着被称为黄金之地的加纳王国在西非的建立，横穿撒哈拉沙漠的贸易变得更加活跃。很多穆斯林商人来来往往，加纳王国还为穆斯林建立了有清真寺（礼拜堂）的城市。

从事黄金交易的非洲加纳商人和穆斯林商队无法进行

语言沟通。于是他们想出了一个新的沟通方式，即"无言的物物交换"。不是相互见面并进行讨价还价，而是加纳的黄金商人将一定量的黄金放在特定的地方，商队将带来的物品放下并取走黄金。如果商队留下的物品不足的

阿拉伯的香料之路

调味料和香料没有太大的差异。然而调味品侧重香味而不是味道。常用的香料有乳香、没药、肉桂等，主要在索马里、阿拉伯南部和印度等地栽培。尤其是阿拉伯南部的乳香和没药更是名声远扬，出口到埃及、地中海等地。

话，加纳商人就不会再次在该场所放置黄金。以信义为基础的无言的物物交换在很长一段时间进行得很顺利，这是因为商队经常给加纳商人留下充足的物品。

在加纳王国衰落之后，掌握了黄金的马里王国的国王曼萨·穆萨至今仍被认为是人类历史上最富有的人。作为虔诚的穆斯林，曼萨·穆萨于1324年率领6万人去往麦加朝圣。他的80只骆驼身上各装载22千克到135千克的黄金，他的1.2万名奴隶各背1.8千克黄金。曼萨·穆萨一行经过开罗、麦地那、麦加等主要城市，并给穷人分发大量的黄金，使地中海和西亚的黄金价格暴跌。暴跌的金价经过了十多年才恢复稳定。他在回国的时候，带回了很多建筑师和学者，并在马里王国的许多城市建立了大学和清真寺。由于曼萨·穆萨的种种努力，马里王国的延巴克图和大学城市成为非洲贸易网络的据点城市和教育文化的中心。

沸沸扬扬的曼萨·穆萨的朝圣甚至为欧洲所知，尤其是葡萄牙、西班牙、意大利等地的商人对横穿撒哈拉的黄金贸易产生了兴趣。14世纪初，整个亚非欧大陆70%左右的黄金都产自马里王国。马里王

人类历史上最富有的人

以今天美金标准计算，他拥有价值约4 000亿美元的财产，因此人们推测他是人类历史上最富有的人。

图瓦雷克的骆驼鞍子

公元前 1000 年左右，骆驼鞍子被发明，使用骆驼的人因此激增。阿拉伯南部的单峰骆驼鞍子是骑手在驼峰后放上垫子，两腿分开而坐的方式。在之后的数个世纪，骆驼鞍子被改良成阿拉伯式，即在驼峰的前后放上木架，人坐在上面，双手自由。从此以后，骆驼开始被用于军事目的。

最有效的鞍子是"图瓦雷克鞍子"，它流行于撒哈拉南部。它的形态是在驼峰的前面放置鞍子，骑手坐在骆驼前腿与肩胛骨之间隆起的骨头上，这种方式能够更有效地利用骆驼的力量。伊斯兰军队正是以这样的方式驾驭骆驼，使其以史无前例的规模和速度驰骋在沙漠等干燥地带。五百年左右之后，骆驼在阿拉伯和中亚，以及撒哈拉沙漠地区，代替了马和驴，成为香料商队的主要运输"工具"。

国在数个世纪中，都是欧洲黄金的供给地。这对于意大利乃至法国、英国等西欧国家的经济产生了巨大的影响，间接成为意大利文艺复兴的财政支撑。除此之外，欧洲人也利用和马里王国进行黄金交易的契机，开始正式探索非洲等未知的世界。

11 知识的统合与纸的传播

随着亚非欧网络统合为单一的伊斯兰教文化圈，出现了一个突出的现象，那就是知识体系的创立。通过分散在各个地区的知识网络相互连接并更加紧密，知识体系随之建立。这不是单纯地罗列几个人的创意想法，而是通过网络相互连接的人们的知识聚集形成体系的结果。

通过网络被体系化的知识中，最重要的就是数学。数字的概念以各种形式存在于所有的时代和社会中。受到古巴比伦使用的 60 进制的影响，我们今天仍使用 1 分钟等于 60 秒，1 小时等于 60 分钟，圆是 360 度等概念。我们今天所用的阿拉伯数字是印度人创造的，不过最初没有 0 的概念。0 不是作为位数，而是作为单独的数字，在公元前 2 世纪到公元 2 世纪之间在印度首次被使用。印度的数

在使用 0 之前，印度没有表示位数的数字，而使用点表示

学家认为 0 自身是固有数字，即 0 代表什么都没有的概念，一开始标记为点，后来使用 0。

825 年，生活在巴格达的穆斯林数学家花剌子米接受了印度的十进制和 0，将其引介为单纯的印度的数学概念，并为印度-阿拉伯数字和 0 成为创造最初的四则运算和方程式等代数学奠定了基础。他撰写的《印度数字算术》在将数字体系和代数学传播到亚非欧大陆中起到了决定性作用。现在使用的算法（algorithm）一词就是来自代数学之父——花剌子米的拉丁语名字。

10世纪左右，罗马数字和印度-阿拉伯数字在北非地区结合，创造了今天使用的阿拉伯数字的原始形态。处于伊斯兰世界影响圈内的阿尔及利亚、西班牙的学者将花剌子米等穆斯林数学家的成就介绍到西欧。到了12世纪，他们的成就被翻译成拉丁语，数学知识以更快的速度传播开来。

算法
在法语中，它的意思是阿拉伯数字体系，并一直沿用至今。

花剌子米的学术成就是在波斯和巴比伦的天文学、印度-阿拉伯数字、希腊数学和地理学等基础上取得的。他在《大地形状》一书中，修正和完善了托勒密的地理学，叙述了以地中海、亚洲、非洲为中心的2 402个城市的坐标和地理特征。

除此之外，他还在天文学和地理学方面取得了瞩目的成就。以地球球形说为基础，他还发展和积累了陆路、海路等地理知识，使得绘制精巧的亚非欧大陆地图可以实现。伊德列西的世界地图（1154年）是一幅包括非洲和中国，还包括新罗的精致地图。就像已不复存在的花剌子米的地图一样，伊德列西的世界地图将托勒密把大西洋和印度洋标记成围绕大陆的大海修正为开放的大洋。这对之后的欧洲地理知识产生了很大的影响。

因伊斯兰世界的地理知识经蒙古帝国传到朝鲜半岛，1402年朝鲜也绘制了世界地图（混一疆理历代国都之图）。在这幅地图中，将波斯语的欧洲和西亚的地名用汉字标记其蒙古语发音。之所以能够绘制出这样的世界地图，是因为随着科学的飞跃发展，可以通过亚非欧大陆网络积累知识。

那么在知识的统合和积累的过程中，起决定性作用的因素是什么呢？正是由中国发明并传到伊斯兰世界的纸和造纸术。

虽然曾有历史记录，在105年宦官蔡伦发明了造纸术，但是纸早在公元前2世纪左右就开始在中国使用。造纸术在4世纪传到东边的朝鲜半岛，7世纪传到日本，751年通过怛罗斯战役中被俘的唐朝工匠传到伊斯兰世界。传播到伊斯兰世界的造纸术扩散到中亚和北非地区。伊斯兰世界在怛罗斯战役之后便在撒马尔罕建立了最早的造纸工厂。794年，在巴格达建立了造纸工厂。中国在数个世纪中独占的造纸术通过亚非欧大陆网络渐渐传播到了欧洲（12~15世纪）和印度（13世纪）。

有趣的是，造纸术在通过亚非欧大陆网络进行传播的过程中，技术标准戏剧性地提高了。穆斯林改进了使用杵臼的中国传统方式，通过使用机锤制造出了更精巧、质量

更好的纸，使用机锤的技术又反向传播到了中国。不管是中国还是伊斯兰世界都是手工造纸，但在 13 世纪末，在西班牙出现了运用水力带动机器转动进行造纸的技术，后得以广泛传播。

随着造纸术的广泛传播，纸代替了纸莎草纸和羊皮纸。纸因其使用方便、好看、价格低廉，一般人也可以毫无负担地使用。虽然既有的纸莎草纸和羊皮纸产业面临危机，但是纸的大量生产成为文艺复兴的基础，使得文学和学术不断发展。

本来知识就是以集体的方式积累的。随着亚非欧大陆网络的不断扩张，分散在各地的、孤立的知识快速聚集并且相互结合，以新的形态和水准形成了新的体系。就像最初的电脑虽然在美国发明，但是今天所有的电脑制造商并不是都使用那种技术一样，知识通过网络以更好的方式改善并加以运用。虽然在这个过程中，某些天才会有突出的成就，但是将这些成就运用到网络之中并进行梳理反而更伟大。

因此，大历史强调集体学习，即人类作为一个群体积累知识并将其代代相传的方式。纸在整个亚非欧大陆进行扩散，使整个亚非欧大陆以集体进行知识积累和传播的方式更加高效，成本更低。从长远的角度来看，纸的传播成为前近代知识转化为近代知识的条件之一。

造纸术的传播

造纸术在知识积累方面具有重要的作用。大量制造廉价的纸，供更多的人使用的知识和中产阶级的发展有着密切的联系。这是因为，在造纸术发明之前，只有富人才能够使用价格昂贵的羊皮纸或者纸莎草纸。随着造纸术的发展，中产阶级通过廉价的纸来积累知识，从而积累了财富或者获得提高身份的机会。

12 鼠疫

查士丁尼瘟疫猛烈地冲击了世界之后，鼠疫成为一种地方病。据史料记载，欧洲在 767 年以后，伊斯兰世界在 1200 年左右之后就找不到关于鼠疫的记载了。在鼠疫成为地方病的地区，虽然不知道发病的原因，但是可以看出该地区为了减少感染传染病的可能性，抑制病原体的扩散，养成了习惯性行为方式。

但是随着蒙古帝国的扩张，习惯和控制都不再发挥作用。鼠疫再次暴发。蒙古帝国于 1254 年占领今天的云南，1287 年进攻今缅甸北部的时候，鼠疫由携带病原体的老鼠向外扩散。这些老鼠随着蒙古骑兵由喜马拉雅山山麓地带进入中国和亚欧大陆北部的草原。游牧民建立的蒙古帝国通过丝绸之路和草原之路输送商人、军人、传令兵。他们灵活运用其熟悉的草原地带是因为那样速度很快而且很方便,但是这样的道路对于携带病原体的老鼠来说也很便利。

鼠疫因其具有使皮肤变黑的症状,后来被称为黑死病。14世纪上半叶,鼠疫在中国的几个地方暴发数次,据推测导致人口减少了三分之一。

14世纪30年代,从中亚向中国、印度、西亚扩散的鼠疫开始向西扩散,于1346年传播到克里米亚半岛。蒙古军队为了占领克里米亚半岛的商业城市卡法,经历了激烈的战斗,但是这场斗争成败取决于老鼠。受到鼠疫袭击的蒙古军队,幸存下来的只有残兵,军队一边后退,一边进行最后的攻击。蒙古军队将因鼠疫身亡者的尸体用投石器扔到卡法市的城墙之内。蒙古军队撤离之后,被释放的热那亚商人迅速返回了故乡。他们每到一个地中海的港

鼠疫的扩散

鼠疫经常被误认为是只在欧洲发生的传染病,关于鼠疫的发生地和传播路径有多种主张。其中最具说服力的主张是:鼠疫是缅甸地区的地方病,经蒙古大军传播到世界各地。鼠疫患者的身体上会出现黑色的斑点,正是出于这个原因,14世纪开始被称为"黑死病"。从14世纪中期以后到18世纪中期,间歇暴发的鼠疫共夺去数千万人的生命。

14世纪是到处散布着因战争和鼠疫死亡的尸体的时代。该图表现了不论年龄和身份,死亡都毫不留情,绘者为老汉斯·霍尔拜因

口,鼠疫就像野火一样开始传播。

　　鼠疫在一年之间就占领了地中海沿岸的大部分城市,进击英国、莫斯科一带、阿拉伯半岛和尼罗河地区。人们无法阻止腋下和腹股沟的淋巴结肿大瞬间扩散到全身。早晨还好端端的人在日落之前就成了尸体。连埋葬的时间都没有,街道和江里的尸体堆积如山。鼠疫在四年间致使欧

洲人口减少了 30% 左右。城市的人口死亡率比农村更高。巴黎和佛罗伦萨等地的人口减少了一半，毗邻地中海的城市的死亡率也飙升至 70%～80%。死亡率飙升的原因是：原本通过跳蚤或老鼠传染的病原体演化成攻击肺部的肺鼠疫，若被感染者咳嗽，病原体就会通过空气进行传播。

鼠疫能够席卷整个欧洲的一大原因是地中海的海上网络日益活跃，定期贸易成为可能。许多船只在自由航行中传播了鼠疫。经过改良的船舶可以在吹着冬季风的地中海安全航行，鼠疫也随着越来越坚固的网络扩散。远距离贸易的商人下榻的旅馆内储存着够数十名旅客和骆驼吃的粮食，那里也是传播鼠疫的老鼠的温床。西亚有 30% 以上的人死亡，埃及有 40% 以上的人死亡，拜占庭帝国也因鼠疫的袭击而崩溃。曾称霸世界的蒙古帝国的征服史也因鼠疫的猖獗而结束。被称为大灭绝的鼠疫夺去了全世界约 1 亿人的生命。

医学知识贫乏的人们相信这种疾病是由地面放出的毒气引起的。港口鼓励停泊的船舶效仿耶稣 40 日禁食期间的做法，在港口停留 40 日。认为鼠疫是神的天谴的基督教徒成立了鞭挞苦行团，用铁链抽打自己，但是却从没想过分散在各地的携带病原体的老鼠是鼠疫的原因，他们的这种防御做法毫无作用。最终，罪责推给了犹太人，说他们往水井里投毒，于是整个欧洲开始了对犹太人的大屠

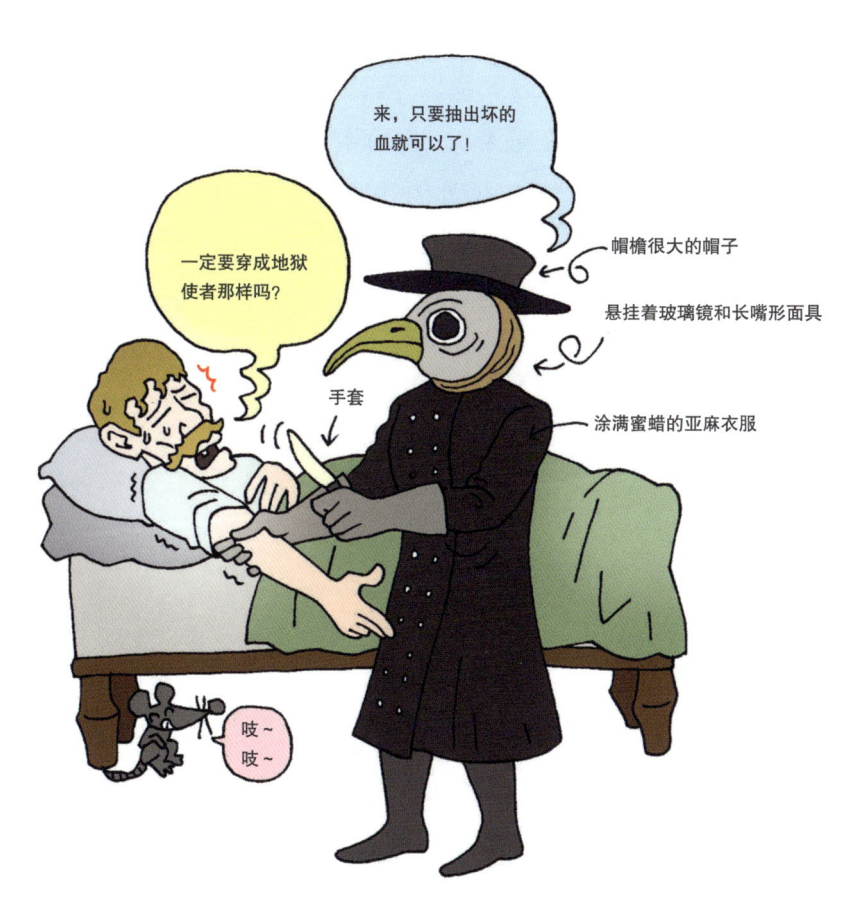

治疗鼠疫患者的医生为了防止被感染，身着亚麻衣服、头戴帽檐很大的帽子、面戴鸟嘴形面具

杀。教会无视将约 1.2 万名犹太人活活烧死的做法。主教和枢机主教也因鼠疫而死。之后教会的权威一落千丈，开始出现新的宗教和思想。随着劳动人口的减少，农民的地位上升，商人和资本家、律师的地位也提升了。

稳固连接的亚非欧大陆的网络随着鼠疫将主要据点摧

毁而迅速被削弱。反过来说，只有弱化的网络才能减缓大灭绝的速度。付出残酷牺牲的欧洲经过惨不忍睹的转换期，走出了黑暗时期，准备迈向宗教改革、文艺复兴和探险的时代。中国从元朝到明朝，政权更迭，开启了新的时代，并追求新网络的重组。

拓展阅读

蒙古帝国的扩张

1206年成吉思汗建立蒙古汗国；之后入主中原；1219年西征，占领了中亚大片土地——进一步强化了亚欧大陆的网路。

随着蒙古帝国的扩张，亚欧大陆网络在政治安定和军事保护下形成了统一的体系，安全性和便利性达到了顶点。蒙古帝国通过实行驿站制度，努力保护往来的商人和贸易，想要把亚欧大陆网络建成安定、便利的道路。亚欧大陆网络贯穿全域，每隔约40千米设置驿站，驿站备有马、粮食、住所，商人或者传令兵可以在驿站更换马匹或者将任务移交给其他传令兵，以便及时传达紧急口信或者大汗的命令。忽必烈时代有1 400个驿站，驿站共有5万匹马、8 000头牛、7 000头驴和6 000艘船。蒙古帝国的驿站制度，使亚欧大陆的网络得以统一。

往返于亚欧大陆网络的商人不仅带去了蒙古游牧民不生产的必需品和其他多种物品，还提供了关于定居地区的各种信息，对贸易的发展和征战提供了很大的帮助。不仅如此，马可·波罗、教皇的使节等许多旅行者都途经这条从欧洲到蒙古帝国的道路。另外，蒙古大汗忽必烈（元世祖）的外交使节——拉班·扫马经丝绸之路面见了拜占庭帝国的皇帝、教皇及欧洲的许多国王和诸侯，还参观了罗马、巴黎和波尔多。就这样，蒙古帝国以既有的丝绸之路和草原之路为中心，保持政治、行政和军事的稳定。

但是，相比于陆路连接的网络，海上网络凸显出了局限性。蒙古帝国在征服战争、扩张领土的过程中，残忍地将没有屈服的城市变成焦土。即使是在维持网络方面起决定性作用的据点城市也不例外。特别是在征服西亚的过程中，对阿拔斯王朝的统治者处刑，并通过毁坏巴格达，最终切断了连接地中海和印度洋交流的纽带。蒙古帝国选择了几乎从不被人关注的大不里士作为网络上代替巴格达的核心城市。但是地中海的东部海岸，即黎凡特地区被埃及的马穆鲁克王朝控制，所以蒙古帝国无法从大不里士推进到地中海东部海岸。

作为对外强势征服的国家，蒙古帝国也无法阻止因汗位继承问题导致的内部分裂。帝国分裂成为元朝、伊尔汗国、金帐汗国、窝阔台汗国、察合台汗国，内战持续了约30年。金帐汗国和伊尔汗国在13世纪后半期、察合台汗国在14世纪中期改信伊斯兰教。历史上最强势的蒙古帝国不再是成吉思汗建立的统一的蒙古帝国，随着1368年元朝的灭亡而退出历史的舞台。蒙古帝国虽然占领了广大的领土，但是蒙古人的数量太少，蒙古的文化也对当时的主流文化没有产生很大的影响，在与既有的文化相互融合并形成新文化上也力不从心。与其说蒙古帝国是新网络的创造者，不如说是既有网络的受惠者。

拓展阅读

道路的两面——贸易、征服和朝圣

没有确定继承人的穆罕默德去世后,伊斯兰世界陷入动荡。接穆罕默德上位的宗教领导者被称为哈里发,含有"继承者"的意思。第二位哈里发——欧麦尔起初是反对伊斯兰教的。经历从反对者到哈里发的戏剧性转变的欧麦尔也是伊斯兰世界最受尊敬的领导者之一。另外,他还在十年间占领了东罗马帝国三分之二的领土,在位近两年就灭亡了拥有400多年历史的萨珊帝国,还征服了中亚和印度的部分地区以及埃及的亚历山大。怎么可能会有这样的事情呢?

这个故事要追溯到公元前5世纪曾支配波斯地区的阿契美尼德王朝。当时的国王——大流士一世建设了被称为"古代高速公路"的"御道"。贯通波斯地区中央的这条道路将起点爱琴海、顺着底格里斯河的美索不达米亚和伊朗地区、终点阿契美尼德的首都巴比伦与丝绸之路连接起来。这条路的部分路段使用石材铺设，总长 2 699 千米，每隔 40~48 千米就设置一个驿站，守卫队常驻于此。据记载，商队一般要 90 余日才能到的距离，通过这条路传令只要 7 日。以这样的路为基础，农业和贸易得到发展。由于国王的命令能够快速传达，所以大流士一世有效地统治巨大的帝国。

但是公元前 330 年左右，马其顿国王亚历山大大帝利用波斯的"御道"快速地征服了波斯。亚历山大时期，远距离贸易进入全盛期。哈里发欧麦尔为了

"御道"

每当有新的帝国建立或者新的领导者出现，就必然会对主要的道路进行大规模修缮或者重新改造。这是因为新的权力阶层出于通商、税收、军事和政治目的，想要活用主要道路的网络。"御道"展现了波斯和地中海地区，特别是安纳托利亚和马其顿地区之间的紧密联系。

征服萨珊帝国使用的也是"御道"。占领波斯之后，欧麦尔可以利用道路的优点，展开对印度和中国的征服。伊斯兰文化随着"御道"和各种道路不断扩散，重新踏入这条道路，去往麦加朝圣的人络绎不绝。"御道"很快成为朝圣者的道路。

十 美洲与大西洋之间的网络

+ 哥伦布虽然是在误解和巧合下到达的新大陆，但是他的探险以大西洋为媒介，连接了美洲网络和亚非欧大陆网络。这种连接以非常快的速度不断深化和加强，同时也持续发展。哥伦布美洲探险之后，白银成为第一个进行全球交换的对象。白银跨越大西洋和太平洋，在全球交换，穿梭在迄今为止形成的网络各处。

13 哥伦布的探险

1492 年，出生于热那亚的克里斯托弗·哥伦布横渡大西洋，到达了今巴哈马群岛的一个岛屿。他从西班牙出发之前就和女王约定：如果他发现了新的殖民地，女王就任命他为那儿的总督。但是这次航海的回报远不止于此，出身平民的他能获得新殖民地收益的 10%。

哥伦布历经千辛万苦，最终到达了新大陆。他将这座岛命名为圣萨尔瓦多。事实上他直到去世都不知道自己发现了新大陆。他相信印度的香料和黄金很丰富，并以此作为判断的标准。圣萨尔瓦多这个名字，饱含以一颗感谢到达印度的

圣萨尔瓦多
"救世主"的意思。

克里斯托弗·哥伦布

哥伦布（1451—1506年）出生于意大利热那亚，航海家，得到伊莎贝拉一世女王的支持，横渡大西洋，到美洲探险。他虽然怀着传播基督教和探险的热情，但更重要的是为了实现通过和印度贸易获得财富的雄心壮志。哥伦布总共四次横渡大西洋，到美洲探险。虽然探险收获的证据和马可·波罗在《马可·波罗游记》中所述的印度相悖，但是哥伦布直到死都坚称他到达的地方是印度。因为他顽固的主张，美洲大陆以亚美利哥·维斯普奇的名字命名，因为后者是第一个证实美洲不是亚洲的一部分，而是独立的大陆的人

心，向神贡献这座岛的意思。哥伦布往返于圣萨尔瓦多岛和相邻的古巴、海地等地，希望能够见到东方的国王，但是这个愿望并没有实现。他总共四次往返于这个地区，一直到去世时都相信这个地方是印度。

哥伦布为什么想要去欧洲东边的印度，却去了西边呢？这是因为哥伦布相信地圆说。他认为不管是去东边还是西边，只要一直前行的话就会到达印度，但是事情并不是那么简单。从托勒密地图来看，在更早的时候，古人认为印度洋是被大陆包围的海洋（内海），因此，从大西洋出发，不可能到达印度洋。但是在 15 世纪，人们认识到印度洋不是内海，而是作为"大洋"这一新的地理单位开始被标记在世界地图上。在1450年左右意大利修士毛罗绘制的世界地图中，有关于从印度洋出发，经过非洲大陆南端，航行到大西洋的说明。这超越了既有的托勒密地理知识的范围，受到这种新的地理知识影响的哥伦布认为不是通过东边的陆路，而是通过西边的海路可以到达印度。

除此之外，奥斯曼帝国也是哥伦布航行大西洋的原因之一。奥斯曼帝国在1453年将首都定在伊斯坦布尔，并将领土扩张到巴尔干半岛和东地中海。16世纪它消灭了埃及的马穆鲁克王朝，将领土扩张到伊斯兰圣地麦加和也门，最终成为伊斯兰世界的中心。在这个过程中，奥斯曼帝国独占连接欧洲和亚非欧大陆网络的丝绸之路。欧洲的商人想要通过丝绸之路进行贸易的话，就要向奥斯曼帝国朝贡，并缴纳高额的通关税。此时，和奥斯曼帝国结成亲善关系的威尼斯占据了16世纪的地中海贸易的霸主地位。

但是西班牙所处的状况却大不相同，西班牙没有同奥斯曼帝国结成亲善关系，因此在东方特别是在和印度的贸易中遇到了困难。来自意大利的哥伦布在大西洋探险中没有获得本国的支持，而是获得了西班牙的支持，因为需要新的东方贸易道路的西班牙的诉求和哥伦布的探险目的正好相符。但是哥伦布误把新大陆当成印度，一直到死都主张自己到达的地方是印度，所以连接欧洲和美洲的海上之路的发现最终没有获得应有的评价。

1499年，哥伦布的航海道路被广泛知晓以后，亚美利哥·维斯普奇和跟随哥伦布航海的水手一起组成了另一支探险队。和停留在中美洲周边的哥伦布不同，他沿着南美的东部海岸进行探险。维斯普奇意识到哥伦布发现的新土地不是印度，而是巨大的大陆。地图制作者马丁·瓦尔德泽米勒接受了维斯普奇的主张，在制作的世界地图中加入了美洲大陆，并首次以亚美利哥·维斯普奇的名字命名美洲。

显然，哥伦布不是最早踏上新大陆的人。哥伦布到达新大陆很久以前开始，阿拉瓦克原住民就生活在这片土地上。哥伦布认为他们是印度人，所以就称他们为"印第安"。而且在哥伦布之前，就有关于欧洲海盗到过美洲的记录。

9世纪中叶，气候变暖，海盗扎根在有"冰的土地"含义的冰岛。10世纪，海盗数量增加到6万，一部分海盗从冰岛移居到有"绿

美洲
当时在起名的时候，使用的是阴性名词，于是将名字确定为亚美利哥的拉丁文阴性名词——America（美洲）。

印第安
哥伦布在中美洲和南美洲实行殖民政策的时候，给当地原住民起了一个西班牙名字"印第安"。但因为这是带有欧洲中心主义色彩的用语，所以尽可能谨慎使用。

色土地"含义的格陵兰岛。由于气候温暖，在格陵兰岛上可以种植谷物，他们在建设东部和西部定居地的同时，还不断和挪威地区的居住者进行交流。他们甚至被纳入了罗马主教的组织之中，并任命了格陵兰岛的主教。

1000年左右，莱夫·埃里克松到达了今加拿大的纽芬兰，建成了文兰定居点。虽然没过几年，因和原住民之间的冲突而不得不离开定居点，但是他们居住的遗迹被后世发现。在世界气候急剧变化的时期，随着气温逐渐下降，格陵兰岛和冰岛土地冻结，变为永久冻土层。海冰开始漂浮的大海阻碍航行，往来格陵兰岛的船只也销声匿迹。格陵兰岛定居点被封锁，文兰定居点也从记忆中消亡。

我们暂且不顾海盗的美洲探险为什么在那个时期盛行，先来看看后代所知的哥伦布新大陆探险为什么会作为一个历史事件而著名。那是因为哥伦布的美洲探险不仅仅是单纯的探险，还将欧洲和美洲连接成一个网络，并通过这个网络给世界提供了相互持续发展的契机。无数欧洲人开始沿着哥伦布发现的海洋之路，在大西洋中来来往往。欧洲人迅速征服了美洲，并将它作为殖民地，把美洲生产的东西带回自己的国家。在美洲赚取的巨额收益也为16及17世纪西班牙成为欧洲强国奠定了基础。

哥伦布的探险虽然是人类历史上的一个转折点，但却不是大的转折点，因为复杂性没有大量增加。与其说哥伦布的探险是新的、复杂历史现象出现的前奏，不如说它不过是亚非欧大陆文化的单方面移植。很多美洲原住民死去，繁荣的美洲文化被破坏或被彻底毁损，共存才能带来的复杂性显著增加的现象没有出现。

海盗的定居

气候变暖的 1000 年左右，海盗到美洲探险并定居，在美洲生活了很长一段时间。15 世纪，气候突然急剧变冷，海盗必须撤离美洲、格陵兰岛和冰岛。如果气候温暖的话，他们或许会成为最早发现美洲的欧洲人。

14 土豆和三角贸易

哥伦布去美洲探险时带了欧洲的马。虽然我们能够很容易地想象出骑着马的美洲原住民的样子，但是哥伦布到达美洲的时候，新大陆上没有一匹马。棉花和甘蔗也是从欧洲传到美洲的作物。

与此相反，从美洲传到亚欧大陆的代表性作物是土豆和玉米。土豆和玉米的单位面积产量高，而且在歉收之年，也还有——大米或者小麦这样的救荒作物作为补充。土豆和玉米传播到欧洲和亚洲各地，使人口增加，城市化进程不断推进。

尤其是在贫瘠的土地上也能很好生长的土豆短时间内就成为爱尔兰和北欧地区的主食。从17世纪开始，在整个欧洲扩散的土豆通过荷兰商人传到了东南亚，并在17

世纪初传到中国和日本，18世纪初传到朝鲜半岛。从南美传到亚欧大陆的土豆在17世纪初从英国，再次横渡大西洋，经百慕大传入北美。网络并不是单向流动的。

哥伦布之后，大西洋的网络不断发展，美洲—欧洲—非洲之间形成了"三角贸易"的格局。非洲的奴隶流向美洲，美洲的枪、酒、火药等流向非洲。这种交换相当于三角形的一条边。另外，利用美洲的奴隶劳动力栽培的甘蔗、烟草等原料流入欧洲，欧洲的糖、葡萄酒等加工品再次贩卖到美洲。欧洲的枪、酒、布料等流向非洲，非洲的黄金、象牙、香料等流入欧洲。

哥伦布的美洲探险以三角贸易的形态发展，推动大西洋的网络日趋活跃。这个网络以大西洋为中心连接美洲、欧洲和非洲。它意味着既有的亚非欧大陆网络和伊斯兰世

土豆的传播

动植物穿梭于哥伦布的大西洋网络。在亚欧大陆和美洲进行交换的动植物中，最具影响力之一的就是土豆。土豆在全世界范围内贸易和种植，成为解决粮食问题的对策，促进了人口的增加。无论在地球的哪个角落，都能看到当地种植的土豆，土豆极大改善了全球生物学的同质性。

界，以及美洲网络相连接。连接后的亚非欧大陆网络更加丰富，形成了大西洋—亚非欧大陆网络。

这为欧洲一跃成为新的世界霸主奠定了基础，但是欧洲正式在历史上拥有主导权是在200年之后的19世纪。

大西洋的三角贸易
大西洋网络通过欧洲、非洲、美洲相互连接的三角贸易飞速发展。随着各地的特色产品被高价卖到其他地方，供给这些特色产品的地区之间的关系更加紧密。

15 银的全球交换

在哥伦布的大西洋航海道路被激活后，欧洲人正式开始向世界各地探险。1497 年，瓦斯科·达·伽马探索了绕非洲南端一周到达印度的航海路线。1501 年亚美利哥·维斯普奇航行到南美，惊觉到达的地方是新大陆。1519 年，麦哲伦率领船队绕世界航行一周。虽然他在菲律宾死亡，但是他的船员仍旧完成了航行，并回到欧洲。不过，他们的探险没能达到建立全球网络的程度。

真正围绕大西洋、印度洋和太平洋形成全球网络，并在人类历史上持续产生影响力的是在南美发现的银。人们在美洲发现了金、银、铜等许多矿物质，位于今玻利维亚土地上的波托西银矿，曾埋藏着迄今为止发现的最大规模的银。

关于波托西银矿的新闻报道

1546 年波托西银矿被发现后,一度聚集了 20 万人在此地生活。西班牙为了开采银矿,剥削原住民,导致数千人死亡。为了补充劳动力,西班牙从非洲输入奴隶,据估算,共有 3 万人被运送到此地。现属于玻利维亚的波托西银矿至今仍在开采

西班牙征服者在初期一年开采 5 吨银,顶峰时一年开采 280 吨。当银几乎耗尽时,就利用合金和精炼技术开采银。银矿石和水银一起加热的话,只有银和水银会融合,

剩下的物质就会分离。之后再次进行加热，将银和水银分离，得到纯粹的银。

通过这种方式产出的银围绕地球向东西两个方向传播，最终到达了中国。西班牙的征服者通过巴拿马和古巴，沿着东边的海上路线将银运回祖国。西班牙人和葡萄牙人用银购买奢侈品，提高了军事能力。一部分银被用于购买东欧的谷物和原材料。东欧国家为了通过俄国购买香料等，向亚洲支付银。东南亚从中国购入瓷器、丝绸等，并支付银。美洲用于购买奴隶的银也流入了非洲。非洲的君主通过流入的银购买丝绸、香料、瓷器等亚洲物品。

波托西的银一部分经墨西哥运输到了菲律宾的马尼拉。当时的马尼拉是西班牙想要和东洋，尤其是清朝进行物品贸易而建的前哨基地。在这个地方，一年有约 50 吨的银作为购买丝绸等资金流入中国，购入的丝绸等则转移

银在全球范围内的流动

在美洲，尤其是在波托西发现的巨量的银经大西洋和太平洋向全球流动。银也是在这个时期流入朝鲜半岛的。虽然太平洋的相当一部分地区至今仍是未被探索之地，但是以银为主导的全球经济的连接不断扩大，网络活跃。

波托西银币

出自波托西等美洲银矿，1573—1734年铸造的银币。银币的一面（左边）刻了西班牙船只的纹章，另一面（右边）在十字架上刻着狮子和城堡

到美洲。

欧洲的银虽然也用于购买丝绸、香料等东方的奢侈品，但是行情不同的金也通过买卖获得利润的方式进行交易。在16世纪，虽然中国金和银的交换比率是1:6~1:8，但欧洲是1:12，波斯是1:10，印度是1:8，日本是1:11~1:14。相同重量的银的价值和欧洲相比，越往东价值越高。在欧洲，1千克金可以兑换12千克银，如果把兑换后的银带到中国的话，可以获得1.5~2倍的利润。在中国购买金，带到欧洲去卖的话，也可以获得利润。这

为了购买朝鲜半岛的人参而制造的日本银小判

1601年,日本为了购买朝鲜半岛的人参,制造了含银量为80%的庆长银小判。1697年,因银的供应不足,日本制造并使用含银量为64%的元禄银小判。1710年,日本制造了含银量为80%、名为"人参代往古银"的输出用特殊银小判。朝鲜半岛的人参价格高,一斤需要支付120个银小判

就类似于今天基于汇率波动的外汇交易。

在这一时期,朝鲜半岛是银在全球交换中的重要据点。为了通过交易获得名噪一时的人参,一部分波托西的银和当时世界第二大银生产国——日本的银流入了朝鲜半岛。日本政府虽然禁止银向海外流出,但是却无法阻止人参的交易。1710年,日本在人参交易上使用的特殊银小

15 银的全球交换　121

为了进行人参交易，波托西和日本的银流入朝鲜半岛

判数以万计，每年有 5.3 吨银流入朝鲜半岛。

  但是日本考虑到与其不停地输出巨量的银，不如购买朝鲜半岛人参的种子，种植出日本人参。结果在 1733 年左右，最终收获了日本人参，并在整个日本境内销售。另外，北美人参被发现，开始进行大量交易。曾经漫天要价的朝鲜半岛人参价格暴跌，最终在中国市场，它需要和日本人参、北美人参进行竞争。

哥伦布进行美洲探险以后，银可以说是最早进行全球交换的物品、货币。土豆等大部分北美的动植物，经大西洋，到达中国，但银不仅跨越了大西洋，还经太平洋到达中国，穿梭于此前形成的网络各处。特别是银和丝绸、金、人参等形成了紧密的关系，同时也构筑了全球网络。随着银的生产量减少，全世界金和银兑换的比率越来越接近，银的全球网络本身消失了，但是随着其他物品取代银的位置，全球经济网络至今仍在维持。正因为如此，我们将这一时期定为大历史的第九个大转折点，即可以说是全球网络出现的大转折点。

16 天花和黄热病

欧洲人在首次踏上美洲的时候，拥有比美洲原住民更发达的武器，但是原住民的人数远超欧洲。虽然一开始当地原住民很欢迎外国人，但是当他们醒悟过来时——欧洲人想要掠夺他们，并想要把他们变成奴隶——便与其进行了激烈的对抗。欧洲人与对地形地物熟悉的原住民的争斗，从一开始两者实力就不相当。

但是欧洲人带着自身都尚未察觉的可怕武器，那就是欧洲人通过自己的身体带来的不同种类的病菌。对欧洲蔓延的疾病毫无抵抗力的原住民同时多发性地感染了天花、麻疹、斑疹伤寒、流感等各种传染病。据推算，当时居住在美洲的原住民约1亿，从这个数字来看的话，传染病不用通过其他宿主，靠人与人之间直接进行传染的条件就已经很充分了。

哥伦布到达美洲的时候，从原住民处知晓那是一座生产黄金和香料的天堂之岛。据推测，位于西印度群岛中央的伊斯帕尼奥拉岛上当时生活着约 100 万人。哥伦布首次到达这个岛仅 50 年后，80%～90% 的人死去。这是因西班牙征服者的侵略以及更残酷的天花导致的。1518 年，伊斯帕尼奥拉岛上从未接触过天花病毒的原住民对于首次暴发的天花疫情束手无策，只能倒下。

> **伊斯帕尼奥拉岛的人口**
>
> 根据研究者的推测，那里有 200 万～800 万原住民。没有当时人口统计材料，只能根据少数记录进行估算。

据悉，这个岛上的原住民是横穿西伯利亚封冻的白令海峡移居到美洲的。病菌无法在严寒的环境中生存，原住民的身体无异于无菌状态。另外，由于不饲养家禽，病菌只能寄生在发源地的周边。正因为如此，原住民在毫无免疫力的无防备状态下受到了天花的攻击，伊斯帕尼奥拉岛上原住民的死亡率到达了顶点。

两年后，伊斯帕尼奥拉岛的天花传播到了墨西哥。西班牙探险家科尔蒂斯为了占领黄金之城——阿兹特克帝国的首都，率领 500 多名士兵来到此地。其中有一人感染了天花。在被人数上占优势的阿兹特克帝国打败后撤退过程

天花

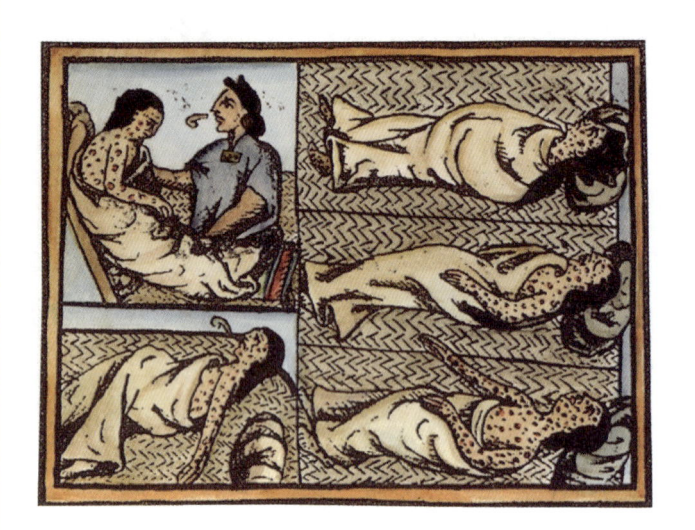

如果感染了"天花",全身会出疹子。据推测,天花在公元前 1000 年左右也曾暴发。1979 年世界卫生组织宣布,天花已被完全消灭

中,让一名阿兹特克士兵感染了天花。科尔蒂斯在 4 个月后再次攻入此地。他发现这座黄金之城因天花在呻吟。一半以上的原住民死去,尸体没有埋葬,连下脚的地方都没有,原住民认为这是"神的震怒",最终无力地向征服者屈服。

从欧洲来的船舶到达的几乎每个港口都会暴发天花疫

情。从危地马拉蔓延到印加帝国的天花疫情夺去了包括皇帝和皇位继承者在内的大约10万人的生命。西班牙征服者皮萨罗轻而易举地征服了因皇位继承问题而陷入混乱的印加帝国。

  欧洲的征服者目睹了天花是如何破坏原住民的传统基础和信念的。对于欧洲人来说,天花无异于神的武器。这是因为他们对天花具有免疫能力。原住民看到转瞬间就夺去最高权力者生命的天花对征服者没有任何影响,便认为神站在了欧洲人的一边,将自己抛弃了。他们为了生存,服从征服者，并迅速接受了征服者传入的基督教。

1546 年，美洲暴发斑疹伤寒。据报道，斑疹伤寒 1489 年首次在西班牙暴发，仅 50 余年便转移到了美洲。斑疹伤寒的发病印证了其在连接亚欧大陆的大西洋网络中传递，并快速传播的事实。

1556 年，欧洲暴发的流感夺去了 20% 英格兰人的生命。席卷整个欧洲并传播到日本的流感在 1558 年传到美洲；从欧洲开始，经亚欧大陆，到达美洲仅用了 2 年的时间。

在奴隶贸易盛行的时期，疟疾和黄热病跟随奴隶船，从非洲转移到了美洲。约 300 年不曾中断的奴隶贸易，使非洲人饱受折磨。在这期间，唯一一个给黑人提供扭转局面机会的就是黄热病。发生黄热病的奴隶船上，所有的船员因此死去。黄热病席卷甘蔗种植园的时候，也曾发生奴隶叛乱。小时候感染黄热病，之后生存下来的黑人拥有了免疫力。

但是疟疾和黄热病在美洲全面暴发还需要很长时间。这是因为作为地方病的疟疾和黄热病传播的中间宿主蚊子，其适应美洲的自然环境也需要时间。

大西洋网络不断发展，传染病也从美洲向欧洲和亚洲转移。哥伦布的航海之路为欧洲所知，并开始不断延伸，和被称为"小疮"（smallpox）的天花不同，梅毒被称作"大疮"（greatpox）。1492年左右，梅毒在西班牙的马德里首次出现，1497年瓦斯科·达·伽马访问印度时在印度开始流行，1505年中国和日本也有记录了。

天花、斑疹伤寒、流感、黄热病、梅毒的扩散过程与传染病在美洲网络和亚欧大陆网络中均质化的过程并无二致。没有连接到既有网络中的美洲对欧洲和非洲传来的传染病毫无免疫力。传染病在进行无差别的大屠杀之后，只有传播病菌的宿主自身减少，传染病才会消失。经过了一代人之后，在传染病中存活下来的成人具有了免疫力。在只有小孩才会感染传染病的状态形成之前，社会要付出巨大的牺牲。当人类自身发现预防传染病的方法或者消除感染因素，从而抑制病菌扩散的时候，网络才会变得安全。

黄热病的传染途径

黄热病是由感染黄热病毒引起的急性传染性疾病，传播途径是蚊子叮咬。黄热病是在南美和非洲的热带以及亚热带地区发现的地方病。16世纪奴隶贸易启动，它就从非洲传到了美洲。

拓展阅读

奴隶贸易：非洲的悲剧

奴隶制是在很长时间内伴随人类的制度，即使在哥伦布探险美洲时，欧洲和非洲也一直在维持奴隶制。哥伦布像对待奴隶一样对待在美洲见到的原住民。与其说这是哥伦布自身的问题，不如说是通过剥削奴隶追求繁荣的几乎所有的社会的共同问题。欧洲和非洲都对奴隶制的非人性保持沉默。

在奴隶贸易发展之前，美洲原住民就像奴隶一样在甘蔗种植园劳作。随着种植园规模的不断扩大，过度的劳役和传染病会导致原住民死亡，在利用劳动力方面也受到限制。于是一部分欧洲人开始利用低廉的黑人奴隶代替美洲原住民，大西洋的奴隶贸易瞬间扩大。另外，由于美洲的甘蔗和烟草种植园获得了巨大的收益，西欧各国争先恐后进入美洲并建立殖民地，甚至还发生了企图垄断奴隶贸易的战争。

奴隶贸易在大西洋三角贸易的"中间航道"上频

当时非洲的黑人奴隶是使大西洋三角贸易的中间航道活跃起来的主要商品。欧洲人以从非洲到美洲的途中，存在发生叛乱的可能性等为由，经常用残忍和非人道的方式对待奴隶

繁进行。对当时的商人来说，奴隶是像钻石一样具有高收益的商品。一艘奴隶船的收益率最低为30%，最高可达100%。很显然，非洲的奴隶贸易具有很强的物品交易的性质。奴隶的进口权和专有权等以公司为单位签订。

非洲黑人掌权者也同样支持奴隶贸易。部族的酋长得到酒和火药，卖掉奴隶。被卖掉的奴隶是人类狩

狩猎奴隶的插画

　　猎的牺牲者。不给他们供给水和食物，将他们装在连排泄物都不能清理的船舱之内，悲惨地将他们拉到他国，有时甚至会发生忍受艰苦航行的奴隶中有一半死亡的事情。种植园的生活更加残酷，在艰苦的航海中存活下来的奴隶也坚持不了多久。随着奴隶的寿命变短，奴隶贸易的非人性更加深化了。

　　美国虽在1808年禁止进口黑奴，但禁令一下，美国南部不少农场主反而对奴隶的需求大增，大量贩卖黑奴的"暗网"出现在了美国，一直持续到南北战争后。在英国也掀起了废除奴隶贸易运动。1783年，在大西洋航道上，发生了被切断航道的奴隶船的船长因水和粮食不足，想要骗取保险金而把 132 名患病奴隶绑上脚镣而后扔到大海里的事件。唯一存活下来的奴隶告发了这一大屠杀的事实，但是法院却将船长无罪释放。这一事件暴露出奴隶贸易的残酷现实，知识分子用笔头激烈地推动废奴运动。1807 年，英国通过了禁止奴隶贸易的议案。直到 1833 年，英国才通过了废除英属西印度殖民地奴隶制的法令。

从美国和英国开始，丹麦和法国也逐步禁止了奴隶贸易，但是只要奴隶制仍存在，奴隶贸易就不会被根除。于是，世界各地都开展了奴隶解放运动。1833 年，英国废除奴隶制，1848 年法国第二共和国再一次废除奴隶制。在奴隶制残存的土地上进行的美国南北战争中，时任总统亚伯拉罕·林肯发表了《解放宣言》。1865 年，南方邦联投降，内战结束；同年，美国通过了宪法修正案第 13 条，正式宣布废除奴隶制。

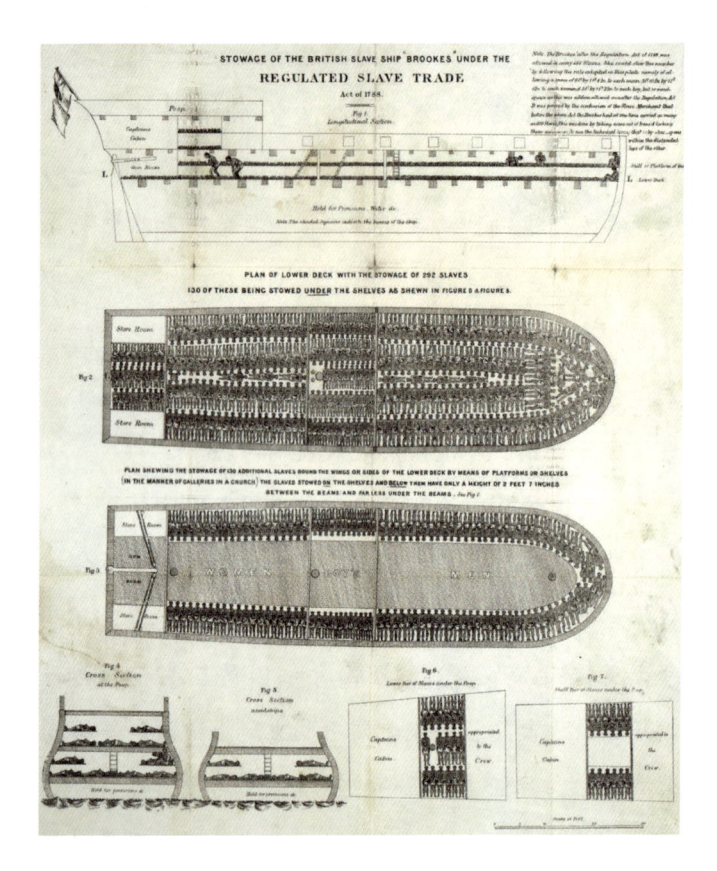

奴隶贸易船的平面图和空间结构图。在运送奴隶的贸易船上，为了尽可能多地装载奴隶，研究出了最大限度使用空间的方法。被关在连基本卫生条件都不具备的空间里航行数个月，经常发生一半以上的奴隶连生命都无法维持的事情。© Garstang

1862年，亚伯拉罕·林肯发表了《解放宣言》草案。林肯主张在现有基础上逐步解放奴隶。他在那个时候发表《解放宣言》，与其说是人道主义的决定，不如说是为了结束南北战争而进行的战略性行动。以林肯的宣言为契机，国会通过了宪法修正案第13条，对从根本上废除奴隶制起到了重大的作用

拓展阅读

瓦斯科·达·伽马的印度航道

到了15世纪40年代,葡萄牙人乘着悬挂两个三角帆的卡拉维尔帆船,沿着西非海岸,南下航行。1488年,巴尔托洛梅乌·迪亚士到达了非洲最南端的好望角。十年后瓦斯科·达·伽马乘着克拉克帆船沿着好望角进入了印度洋。

幸运的是,瓦斯科·达·伽马在非洲的东南部地区见到了季风知识丰富的印度或者阿拉伯航海者。1498年,瓦斯科·达·伽马到达了马林迪。随后由航海者领航,同年到达印度的卡利卡特,构建了新的交流网络。

准确说来,瓦斯科·达·伽马从葡萄牙出发,沿着西非海岸南下,到达好望角,再沿着东非海岸北进,参与亚非欧大陆的网络之中。但不能将此看作瓦斯科·达·伽马首次开辟了印度洋和大西洋的新的海上之路。

从 1402 年朝鲜制作的世界地图"混一疆理历代国都之图"来看，倒三角形的非洲南端已经赫然纸上。但直到现在也没有研究出来当时是如何制作出包括非洲南端的地图的。像去过今加拿大纽芬兰的莱夫·埃里克松和海盗一样，也可能是某位阿拉伯船员或者印度船员比葡萄牙船员更早到达了好望角。

但是瓦斯科·达·伽马充分利用了绕好望角连接亚非欧大陆网络的经验。瓦斯科·达·伽马发现印度港口堆积着大量的胡椒、肉桂、宝石、织物等，这些在欧洲卖得很贵。与此同时，他也意识到了欧洲没有

好望角探险和印度航道

1488 年，巴尔托洛梅乌·迪亚士成为第一个到达好望角的欧洲人。之后，瓦斯科·达·伽马也是欧洲最先沿着西非海岸南下，又沿着东非海岸北上，穿越印度洋到达印度的人。虽然在他们之前有一部分阿拉伯船员经过非洲最南端的好望角，向大西洋前行，但是却几乎没有相关的历史资料。欧洲人的印度航道探险成为欧洲直接参与以亚洲为中心的亚非欧大陆海洋网络的决定性契机。

什么可与印度交换的物品。从西亚来的阿拉伯商人有银、咖啡、地毯、香料、染料等,但是葡萄牙人只有毛织物、玻璃器皿、铁制工具。印度商人提议用金、银、珊瑚等来换取香料、宝石等。

  知晓通往印度道路的葡萄牙人虽然很兴奋,但是很快就对自己的处境感到恐慌。这是因为对欧洲人来说没有可用于交易的高价值物品。相反,他们改进了船舶,尤其是用于战斗的船舶。1502年,瓦斯科·达·伽马指挥20多艘由大炮武装的船前往印度。他们在麦加抢劫了返回卡利卡特的船只,并将船上所有的货物扔进大海,将大部分的女性和小孩囚禁在甲板上,并用火将船焚毁。葡萄牙人通过残暴的行动,要求和卡利卡特缔结通商关系。之后,葡萄牙人利用印度各地区之间的敌对关系,和卡利卡特的敌人结成同盟。他们占领反抗他们的地区或王国周边的据点,逐渐掌控了在亚非欧大陆网络的海上之路担当重要角色的城市。印度的果阿(1510年)、马六甲(1511年)、香料交易的集散地霍尔木兹海峡(1515年)等地区,在武装舰队面前只能屈服并打开了大门。

瓦斯科·达·伽马,葡萄牙航海家和探险家,是最早从欧洲出发,经非洲南海岸,航行到印度的欧洲人。他实现了夙愿,带领船员开拓了印度航道,但是他们武装舰队,用武力要求通商,让穆斯林产生了强烈的敌意,使交易举步维艰

这里重要的一点是，葡萄牙人掌握的不是生产力，而是交易权的事实。他们利用自己占据的港口，向其他国家的交易船只征收通行税和关税。但是把葡萄牙掌握东非沿岸和印度港口的时期除外，欧洲人在亚非欧大陆网络中并没有起到太大的主导作用。

有些人认为瓦斯科·达·伽马对印度航道进行了探险，之后西欧各国立即掌握了包括印度洋在内的亚非欧大陆网络的主导权，这与史实并不相符。并不是说连接了网络，权力结构就会立即发生变化。只有相互间反复探索，制定战略，挑战主导权，然后失败之后，最终才能统合网络，主导整个网络的势力才会出现。欧洲在亚洲占据霸主地位是经过了300多年漫长的历程才实现的。

十 澳大利亚与太平洋的岛屿

库克船长的澳大利亚探险和南大洋、北冰洋探险使得地球上几乎所有可以居住的地区相互连接在一起。"澳大利亚"一词在他的探险记录中含有"澳大利亚、新西兰及南太平洋的许多岛屿"的意思。澳大利亚最终进入了人类认识的世界,这意味着名副其实的全球网络形成了。至此,人类不是进行特别的远征或者征服,而是通过常规运输和路线体系在全球网络中进行交换。

17 库克船长的太平洋探险

1768 年，詹姆斯·库克指挥的科学考察船奋进号为了能够在塔希提岛观测到金星凌日现象，向着南太平洋航行。但是观测结果并不理想，库克船长立刻向海军确认发给他密函中的任务。支援库克探索的海军本部想要确认南太平洋的尽头是否存在未知的南方大陆（Terra Australis）。

詹姆斯·库克在新西兰停留的 6 个月期间，和原住民毛利人结成了友好的关系，在他们的帮助下，他到新西兰的南岛和北岛进行探险。在那里，他采集了 400 多种新的植物。他确认了新西兰不是南极

未知的南方大陆
当时的哲学家主张：若想让北半球大陆保持均衡，南极大陆就必须存在。

詹姆斯·库克船长

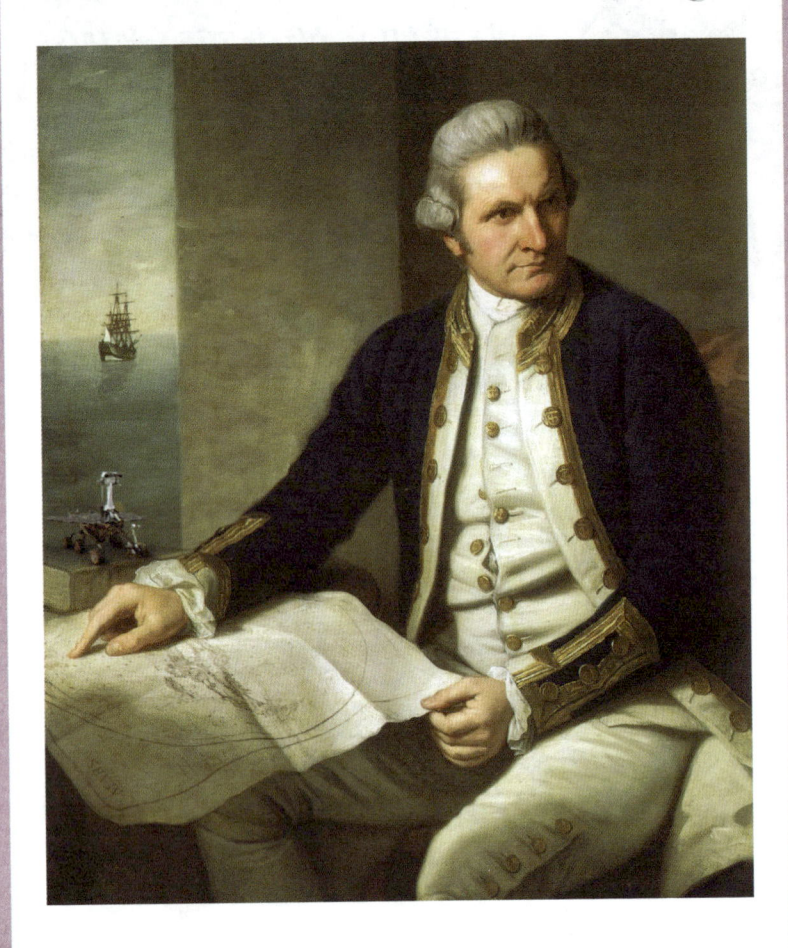

英国探险家和地图制作者詹姆斯·库克船长（1728—1779年）怀着要到人类可以去的所有地方的愿望进行探险。他是最早访问太平洋众多地区的欧洲人，最重要的是，他通过将这些地方画到地图上的方法来告诉人类更多关于世界的知识

的事实。

然后库克船长从新西兰出发,向西航行,到达澳大利亚的东南海岸,即今悉尼。库克船长的探险队将长满欧洲从未见过的独特植物的海岸命名为博塔尼(意为"植物学")。库克船长登陆之后看到了袋鼠,觉得很神奇,便问它的名字,原住民回答说是"Gangurru",由于语言不通,库克他们认为是袋鼠(Kangaroo)的意思,并沿用至今。

库克船长一直探索到昆士兰,但是他却没有发现想要寻找的南极大陆。第一次探险结束的库克船长将澳大利亚和新西兰画入了世界地图之中。库克船长在乘着决心号进行第二次探险的过程中,他虽然进入了南极圈,一直航行到南纬70°,但是由于海冰和酷寒的天气,无法继续航行。据记载,库克船长是最早到南大洋进行探险的人,他掉转船头的地方距南极大陆不过100千米。

在第二次探险中,库克船长是最早访问新赫布里底群岛和汤加群岛的欧洲人,还绘制了复活节岛的海图。结束3年的航行,回到英国

库克船长的世界地图
库克船长原来是一位以细致周到而闻名的制图师。为了绘制地图,他加入了海军,并成为船长,带队进行探险。在此过程中,他绘制了自己去过的地方的地图,详细记录了那里的环境等信息。

新赫布里底群岛
瓦努阿图群岛旧称。

的库克船长，宣布未知的南方大陆不存在。

1776年，库克船长为了寻找传说的西北通道或东北通道，进行了第三次太平洋探险。西北通道是连接大西洋和太平洋的海上道路，当时人们推测这条路在美洲大陆的北侧。库克船长在航行中发现了夏威夷。从未见过白人的夏威夷原住民认为库克船长一行是神明罗诺的化身，并热情款待了他们。库克船长将这个岛命名为"三明治岛"。

库克船长的决心号继续北上，经阿拉斯加沿岸，通过白令海峡，进入了北冰洋。虽然他一直探索到北纬70°44′，但是这次探险最终还是背离西北通道100多千米。在回去的路上，库克船长一行再次登陆夏威夷，这次却受到了意想不到的攻击，他在逃跑的路上被数十名愤怒的原住民乱棍打死。

在其他欧洲国家对南太平洋的航海还没有关注的时候，英国为什么要一直寻找未知的南方大陆呢？16世纪中期，研究印加帝国的西班牙探险家以印加人在南太平洋的许多岛屿上发现了黄金为由，在政府的支持下试图进行黄金探险。英国也对产出黄金的南太平洋的岛屿和未知的大陆颇为关心。

进入18世纪，由于库克船长的探索，澳大利亚成为英属地，但是却没有发现人们所期待的金或银，大部分地区是沙漠或者干旱地带,所以很难通过大规模开垦农场的方式获得利润。虽然澳大利亚成了殖民地,但是并没有像美洲那样快速进入既有的网络。

最初澳大利亚是英国罪犯的移送地,即流放地。在那之前,英国将北美作为主要的流放地,将囚犯交给美洲商人或者种植园主。商人或者种植园主在3到7年的时间里,像对奴隶一样使唤囚犯,并支付囚犯移送的费用。仅18世纪,移送到美洲的囚犯就有5万名左右,相当于英国移

赶走坏血病的西式泡菜——德国酸菜

16世纪是欧洲的大航海时代。为了寻找新的土地和进行殖民地征服战争而离开的船舶,通过大西洋网络,带回了昂贵的物品及金、银等。但是当时的船员很难知道船所处的精确位置,航海就和万分危险的赌场相似。航海遇到了一个共同的问题,就是随着在大海上度过的时间的延长,无法吃到新鲜蔬菜的船员因缺乏维生素C而患上了坏血病,甚至失去了生命。如果出现坏血病的话,船员就会动摇,经常发生暴动。

库克船长也在大西洋航海的过程中发现26名船员因坏血病而死亡。他认为这是食物的问题。因此在探险出发之前,他带足了西式泡菜——德国酸菜,来代替肉。将圆白菜切碎放上盐腌制可以保存好几个月。库克船长强制船员吃这种德国酸菜。圆白菜含有丰富的维生素C,因此坏血病在库克船长的船上完全消失。1776年,英国皇家学会因库克船长在赶走夺去很多船员生命的坏血病方面做出的贡献,授予他奖章。

民者的 1/4。但是 1776 年 7 月 4 日，美国宣布独立，1783 年签订了《巴黎条约》，至此，英国无法再往北美运送囚犯。此前，通过向殖民地移送罪犯，英国减少了对监管设施的维修支出，几乎完全根除了社会不安的因素，但美国的独立使这种理想化的处理方式戛然而止。

以 1788 年英国政府将 732 名囚犯运送到澳大利亚为开端，无数的囚犯来到澳大利亚。囚犯中不仅有英国人，还有北美人、西印度群岛人、非洲人。在之后的 80 年间，共向澳大利亚移送了 16.5 万名囚犯。1871 年人数到达了 170 万。但是这些囚犯劳动者却没能使全球网络活跃起来。他们仅仅使英国和澳大利亚之间的网络艰辛地连接在一起。

库克船长之前的南太平洋探险

在库克船长到达之前，有原住民生活在新西兰、澳大利亚等南太平洋地区。4 万年前，美拉尼西亚人移居到澳大利亚，并从 1200 年左右开始农耕，但是，从整体上看是以狩猎-采集为中心的社会。据推算，在库克船长到达的 18 世纪末，有 70 万～100 万名原住民居住于此。

据推算，在库克船长之前，1200 年前后，波利尼西亚人经南太平洋的许多岛屿，在新西兰登陆。而且还有记录表明，在 16 世纪初，从东南亚出发的某个葡萄牙人曾在澳大利亚周边的海域进行探险。

但是很显然，库克船长的澳大利亚探险和南大洋、北冰洋探险使世界上可以居住的几乎所有地区都相互连接。澳大利亚一词在他的探险记录中含有"澳大利亚、新西兰及南太平洋的许多岛屿"的意思，澳大利亚最终进入了人类认识的世界。尤其是库克船长遗留下来的详细的海洋地图向我们展示了直到现在仍然被歪曲的大陆的真实面貌。虽然南极圈和北极圈的探险最终没能成功，但是在库克船长的努力下，地球上可以居住的几乎所有的地区现在都被连接起来。除南极圈和北极圈外，整个地球统合成一个巨大的网络，相互影响已成为日常。

塔斯曼探险航线

1606年，在荷兰东印度公司工作的探险家兼总督威廉·扬斯经新几内亚西部海岸，发现了三面被岬包围的澳大利亚北部的卡奔塔利亚湾。他登上了昆士兰的约克角半岛，他有可能是最早登上澳大利亚土地的欧洲人。他将这个地方称作"新荷兰"。

17世纪中叶，荷兰探险家亚伯·塔斯曼在位于印度尼西亚巴达维亚（今雅加达）的荷兰东印度公司工作，他是最早对澳大利亚南边岛屿——塔斯马尼亚、新西兰以及新几内亚进行探险的欧洲人。但是东印度公司因为塔斯曼的探险并没有发现新的香料交易道路，未能给公司带来经济收益，从而对此无视。

这意味着名副其实的全球网络形成了。虽然银是最早在全世界进行交换的物品,但没有使地球上所有居住地区相互连接在一起。通过库克船长的努力,人们明确地认识到地球是球形的,并且使地球上大部分的人纳入同一个网络之中。至此,人类不再是进行特别的远征或者征服,而是通过常规运输和路线体系在全球(几乎所有的地区)网络中进行交换。

捕鲸和羊毛交易

在陆上丝绸之路、海上丝绸之路和大西洋海洋网络中，一旦新的道路开辟并相互连接的话，交换就会飞速进行。但是对澳大利亚而言，与既有网络连接的地区相比，开辟新的道路没有降低长途航行的危险，也没有减少昂贵的运输费用。即因为当地没有贵重物品，所以网络发展迟缓。

由于19世纪国际捕鲸产业的发展，澳大利亚的网络变得发达。捕鲸从约公元前6000年就开始了，但是进入19世纪，随着油灯的普及，以及对家庭和道路照明的需求激增，捕鲸产业飞速发展。灯的主要燃料是鲸油，它也是加快工业革命的机器运转所必需的润滑油。包括欧洲在内的全世界对鲸油的需求暴增。随着船只的改善和捕鲸技

术的发展，在太平洋西北地区、北美沿岸和格陵兰岛等地盛行的捕鲸开始扩展到澳大利亚。

美国独立后，英国很难在北美沿岸捕获鲸鱼，然后制作成鲸油进行充足的供给。因此，英国想要将澳大利亚和新西兰的主要港口变成新的捕鲸场的前哨基地，捕获充足的鲸。这些港口为捕鲸的船员提供食物和住宿，鲸鱼交易得以实现。与此同时，在附近大海捕获抹香鲸、南方长须鲸、座头鲸的行动也活跃起来。特别是知道塔斯马尼亚南部的大海是南方长须鲸的产仔地后，捕鲸船就接连不断地到来。

1835 年以前，英国禁止美国的捕鲸船到这些地区捕鲸，主要是英国和澳大利亚的捕鲸船在作业。从 1835 年左右开始，法国、葡萄牙和美国的捕鲸船被允许在相关区域活动，捕鲸活动到达了顶峰。据推测，在这个时期，太平洋中大约有760艘捕鲸船。

捕鲸产业越来越庞大，与其相关的造船业、港湾建设业、仓储业、海洋保险业等也随之发展，鲸贸易在19世纪成为澳大利亚的主要产业。在19世纪40年代，与鲸相关的出口产品占澳大利亚总出口的40%左右。

但是19世纪40年代以后，捕鲸的国际竞争变得激烈，澳大利亚开始在港口征收使用费和关税。随着捕鲸的泛滥，鲸油的供给变多，价格下降，加上要缴纳税款，所以利润急剧减少。另外，1851年在澳大利亚发现了黄金，很多船员不再乘船去捕鲸，而是直接挖走黄金。尤其是19世纪50年代末，在美国开采出来的利润更大的石油使鲸油价格进一步下跌。由此，通过捕鲸连接的全球网络急速弱化。

即使捕鲸的比重显著降低，但是澳大利亚的网络通过其他方式强化。到17世纪，西班牙几乎垄断了羊毛交易。1788年，欧洲人将羊带到澳大利亚作为食物。但是在长途运输过程中，疲劳不堪并且无法适应新环境的羊大部分都死去了。因此在1797年，当地引进了西班牙羊和亚洲绵羊交配出的美利奴羊，改良为能产出高级羊毛的澳大利亚美利奴羊。1807年，澳大利亚羊毛首次在伦敦国际羊毛市场亮相。

19世纪20年代，从澳大利亚港口向内陆运送货物100千米的费用比运到伦敦的轮船运费还贵。由于澳大利亚内陆和海洋之间的贸易网络尚未形成，所以想要保障相对于运费的高收益的话，比起卖出更多的商品，商品的单价一定要更高。羊毛是可以保障比相同质量大米的收益高10~20倍及以上的产品。羊可以在干燥的平原地区大规模饲养，所以最适合澳大利亚。在19世纪30年代后期，饲养的地区扩大到整个澳大利亚。

这一时期在英国兴起的工业革命以棉纺织业为重心，促进了工业资本主义的发展。但是在羊毛的需求持续增加的状况下，因拿破仑战争，欧洲大陆被封锁。羊毛的主要供给地——西班牙和德国供给链断裂，促成英国统治下的澳大利亚的羊毛出口量激增。

1830年，澳大利亚的羊增加到200万只，并持续增加。19世纪30年代中期，由于大饥荒，20多万只羊被宰杀，但是在那期间，铁路等运输体系形成，到19世纪90年代，羊的数量超过了1亿只。

澳大利亚成为羊毛生产中心，不仅和英国，也和其他许多国家进行羊毛交易。伴随着工业革命，羊毛产业瞬间上升为主要产业。澳大利亚上升为羊毛生产的绝对强者，羊毛产业由以消费地（英国）为中心转变为以生产地（澳

美利奴羊

美利奴羊是原产于西班牙的绵羊的一个品种,在美洲和澳大地亚同各个品种的羊进行交配改良。美利奴羊是一个重要的品种,占据世界羊毛生产量的 30%,澳大利亚美利奴羊占到澳大利亚绵羊的 80%

大利亚)为中心,羊毛的消费由单一国家体制(为了将羊毛出口到世界各地,英国垄断羊毛购入的体制)转换成多国体制(从澳大利亚直接向世界各地出口并消费的体制)。澳大利亚灵活、有效地运用这种体制,掌握了网络,并成为全球网络中不可或缺的一部分。

19 太平洋海上地图的完成

詹姆斯·库克船长的探险之所以重要，不仅仅是因为他发现了几个南太平洋的岛屿，或者将新西兰和澳大利亚变成英属地。最重要的是，库克船长使用了可以精准确定经度位置的工具，仔细记录了太平洋，进而可以使整体地图精确地被记录下来，他在这方面做出了巨大的贡献。

经度与纬度不同，很难测量。纬度在地球仪上是平行的、往南北两极越来越小的同心圆。托勒密将赤道的纬度定为0°。赤道垂直于自转轴，并且与南北极距离相等。古代的天文学家观测天体的运动，弄清楚了太阳、月球和星星的垂直位置，并且通过天文观测仪获得了十分精确的观测数据。

但是和纬度不同，制作地图的人可以随意决定连接南极和北极、经度为0°的线（本初子午线）。无论是谁，都希望对自己有利，因此确定本初子午线在一定程度上是政治问题。

地图上标记的经度是进行安全航海的十分重要的要素。这意味着知道船舶位于多少经度可以马上利用安全的通道航行。不知道自己所处经度的船舶经常会在大海中迷路，或者即使看着明确标记出暗礁的地图，也会向着暗礁前进。

如果想要在大海中知道经度的话，可以将船舶上显示的时刻和船出发时港口（经度已知）的时刻之间的时间差换算成距离并进行计算。地球一周（360°）有24条经线，彼此间隔15°，并连接南北极。地球的一周在最长的赤道上的时候，经度15°相当于1 600千米左右。

问题是，在18世纪人们还没有发明出能在波涛中摇晃的船上也可以精确测量时间的钟表。在船上钟表不能正常运转，因为使钟表齿轮运转的润滑油对气温变化十分敏感，钟表的零件也随着气温和重力的差异收缩和膨胀，速度经常或慢或快或停止。在大海中1分钟的时间误差会导致约25千米的距离误差，也可能因此夺去数百名船员的性命。

18世纪中叶，测定经度的两种方法几乎同时出现。一种是使用通过测量天体的高度来得知纬度和经度的六分仪。即使在摇晃的船上，太阳、月球、星星的相对高度也

天文观测仪
古代测定太阳、月球、星星高度的工具。

六分仪

测定地上一点与天体或者陆上两点之间角度的仪器,之所以叫六分仪,是因为它的框架为圆的1/6,即60°的圆弧构造

不会变化。白天测量月球和太阳之间的角距离,天黑后就测量月球和星星之间的角距离。然后参考记录着不同日期和时间的月球和太阳或者星星之间的角距离的图表,找到当时所处位置的经度。这就是月距法。

但是利用月距法计算经度并不是简单的事情。另外,月球在不规则的椭圆形轨道上围绕太阳公转,其周期足足有18年,所以需要18年的观测数据。月距图表自身也不精确。在摇晃的船上测定三个天体的角度也会降低其精确性,而且在乌云密布或者因天气影响而难以进行观测的日子里没有任何作用。另外，人们还要知道确切的观测时间。

在月距法普及的时候，英国的钟表匠约翰·哈里森发明了在海上也可以使用的精密钟表。这个钟表加入了两种可以应对海上极端的气候变化，还可以保持一定温度的金属，无需润滑油的齿轮在动力耗尽之前一直转动，直径约12厘米，可以装进口袋。这一发明对测定经度起到了决定性的作用。

库克船长在进行第二次太平洋探险的时候，带上了约翰·哈里森发明的海上钟表。海上钟表在库克船长的决心号长达3年的航海期间没有出现任何问题，在任务结束后，被带回了伦敦。库克船长利用海上钟表不仅测定了纬度，还精确地测定了经度，并根据特定的纬度和经度记录了那个地区的地理特征。即使在气候变化显著的海上，也制作完成了精确的太平洋海图，还将新发现的南太平洋岛屿的地理位置绘制于地图上。对于库克船长来说，约翰·哈里森的海上钟表是"不会失误的向导"。

跟随库克船长进行后两次太平洋航行的英国航海家乔治·温哥华

约翰·哈里森的海上钟表

准确地说，库克船长带的是哈里森的海上钟表 H-4 的复制品 K-1。

19　太平洋海上地图的完成　　159

利用六分仪的月距法

在海上航行中的船上用六分仪测定凌晨 1 点时,月球和狮子座的一等星轩辕十四之间的角度为 30°。为了测定这个角度,我们要测定月球的高度、星星的高度、月球和那颗星星之间的两条线所形成的角度,即必须要测定角距离。与此同时,要确认测定的时刻。然后通过一定的计算,得出中心角距离,考虑弯曲、时差、眼睛的高度等的影响,计算出月球和狮子座的一等星之间的月距。然后对照月距图表,找到在伦敦观察到月球和狮子座的一等星之间的角度为 30° 的时刻。如果是凌晨 4 点的话,船所在的地方是比伦敦快 3 个小时的位置,也就是伦敦西边经度为 45°(15° 等于 1 小时)的地方。

$$X°/360° = 2 \text{ 小时} /24 \text{ 小时}$$

160　世界是怎样被连接在一起的

约翰·哈里森的海上钟表

这个被称为精密计时器的海上钟表在 1735 年由约翰·哈里森首次制造出来。海上钟表利用发条制造出来，为了消除气温变化的影响，加入了两种金属相互连接以便互补。这个海上钟表显示的是格林尼治标准时间

在 1794 年完成了地球上人类可以生活的所有海岸的精密地图。这是通过精确测定纬度和经度，能够准确地在地图上画出地球上各点的地理坐标的结果。

哈里森的海上钟表通过海上实验验证了精确性，并对将英国的格林尼治子午线确定为本初子午线做出了贡献。

在1884年美国召开的国际子午线会议上，通过投票确定格林尼治子午线为世界的本初子午线之前，麦加、罗马、哥本哈根、巴黎、费城等地都作为本初子午线出现。随着格林尼治标准时间被确定下来，世界开始使用共同的时间，地球这个球形的立体空间上所有的连接点都有了精确的位置。这首先要归功于库克船长的不懈努力。

从大历史的观点来看，这是人类漫长的集体学习的结果。智人从非洲，经亚欧大陆和白令陆桥，向美洲扩散，后横渡印度洋和太平洋向全球扩散。但是，人们不是直接认识到地球是球形的。如果发现新的记录的话，可以进行追溯，但是，目前已知最早提出纬度和经度体系的是公元前3世纪古希腊的埃拉托色尼。通过纬度和经度认识地球的方式经托勒密得以深化，并在伊斯兰世界更加准确和精巧化。11世纪，伊斯兰的地理学家比鲁尼通过主张地球以地轴为中心自转，展示了经度和时间相关的近代知识。另外，库克通过实际探险，准确地记录下了经度，对准确确定各个地区的地理位置做出了巨大的贡献。

经过了漫长的岁月，在无数学者和探险家的努力下，人们认识到地球是球形的，并对地球进行探险，将地球通过用纬度和经度制作的地图的形式来表现。在这个过程中，存在重要的拐点，库克船长几乎就是在最后的程序中取得成就的。

20 梅毒和结核病

一直到 18 世纪，澳大利亚几乎完全被孤立在亚非欧网络之外，因此没有受到动摇网络的传染病的影响。但是在欧洲人首次访问之后，在其他大陆上已经稳定下来的流行病，却作为高致死率的传染病开始猛烈地破坏澳大利亚，澳大利亚陷入了灾殃之中。

库克船长首次探险的时候，在新西兰滞留了 6 个月。他们离开 3 年以后，法国人在库克船长滞留的地区发现了梅毒。几年后，库克船长第二次探险，访问新西兰的时候，知道了有毛利女性感染梅毒的事实。当时毛利人中有些部族实行一夫多妻制，重要客人来访的时候，他们也会按照部族的习俗，盛情款待。欧洲的船员访问新西兰的时候，盛行交换珍贵物品等接待方式。

15世纪在欧洲出现的梅毒是船员和士兵的常见病。与仅在繁殖期进行交配的大部分哺乳动物不同,梅毒是仅出现在发生性行为的人类身上的特殊传染病。一开始生殖器上生疮,而后全身皮肤出疹,破坏骨头和肌肉的梅毒会成为不孕的原因,也会传染给子宫中的胎儿。梅毒一经流行,健康新生儿的出生率就降低了。梅毒通过来往于各地的船员传播到探险地的各个角落。

梅毒是一种在探险和征服时代的早期流行的典型且陌生的传染病。由于其具有使人痛苦和恶心的症状,梅毒也可以说是一种刑罚,在被称为梅毒之前,它有法国病、西班牙病等多种名称。

船员传播的传染病多种多样。新西兰给捕鲸的船员提供休息地和补给品,访问新西兰的人大多是从英国出发或者途经英国港口。但是在18世纪末,结核病在英国港口成为地方病。

地方病是在特定地区反复发生的传染病,结核菌潜伏在人体中,在免疫系统变弱的时候发病。船员在漫长的航海过程中,吃不好穿不暖,忍受着营养失调的痛苦,加之在卫生条件差的船上过度劳累,为结核分枝杆菌的活动提供了良好的条件。

曾有记录表明,1808年结核病首次在新西兰暴发。盛行捕鲸的19世纪30年代,结核病的发病率最高,结核

爱德华·詹纳

詹纳（1749—1823年）是英国医学家，他发现了牛痘接种法。1796年，他把从牛奶女工身上采集的牛痘接种给了一个8岁男孩，获得成功，从而发现了预防天花的方法

分枝杆菌和通过船员传播的急性肺炎、痢疾、流感等合并，以更高强度传给毛利人。一名欧洲目击者慨叹毛利人是"死去的民族"。传染病不是暴发一次就会结束的，间歇性暴发夺去了许多人的生命。跨全球网络的传染病均质化发生在澳大利亚。

亚历山大·弗莱明

弗莱明（1881—1955 年）是英国细菌学家，他从某种植物和动物分泌液中发现一种能杀灭细菌的物质——溶菌酶，他发现青霉菌中能分泌一种杀灭葡萄球菌且防止其生长的物质，他把这种物质称为青霉素。正是由于他的这些努力，他于 1945 年被授予诺贝尔奖

还算幸运的是，进入 18 世纪，人们致力于科学和医学发展，传染病的治疗和预防方法开始普及。1796 年，英国医生爱德华·詹纳介绍了预防天花的接种法。1900 年左右，科学家发现黄热病是通过蚊子传播的，30 多年

后成功开发出黄热病疫苗。1928年通过青霉素治疗了流感和梅毒，斑疹伤寒也可以通过抗生素治疗。治疗和预防方法也通过全球网络传播到了澳大利亚。人类通过网络共享治疗和预防方法，并开始检疫，全世界几乎同时从传染病的恐怖之中解脱出来。

从大历史的观点来看，在很长一段时间，传染病对人类造成了极大威胁。特别是人类将野生动物变成家畜，虽然这对生活有所帮助，但也因以动物为媒介进行传播的传染病而受苦。随着治疗疾病和传染病之路的开启，人类历史发生了转变，在很大程度上摆脱了苦难。就像传染病由于全球网络均质化一样，与新的传染病预防和治疗方法相关的知识也经过网络均质化，使多数人受惠。

拓展阅读

扰乱生态系统，引发灰色战争

哥伦布到达美洲之后，美洲的玉米、土豆等传到亚欧大陆，就像欧洲的天花传播到美洲一样，由于人类的网络，生物学的交换也日渐兴起。美洲和亚欧大陆之间的生物学交换，叫作"哥伦布大交换"。在库克船长访问澳大利亚之后，澳大利亚和亚欧大陆之间兴起了"库克交换"。

生物学的交换有时也会扰乱既有的生态系统。在澳大利亚，由于库克交换扰乱生态系统的代表性实例就是，从150年前开始，至今仍未结束的与灰色兔子之间的战争。1859年，英国人托马斯·奥斯丁从英国带了24只狩猎用的灰色兔子到澳大利亚。他从未想到过这些兔子会成为问题。他将兔子放养，然后便沉浸在狩猎的乐趣中。

雌性灰色兔子每年产下20~30只的兔仔。灰色兔子在没有天敌，且食物丰富的草原上爆炸式繁殖。

即使每年捕捉200万只兔子，兔子的数量也不断增加，并散布到整个澳大利亚。1910年，灰色兔子扩散到澳大利亚的西海岸，到1926年，兔子的总数超过了100亿只。人们称之为兔子黑死病。

大量灰色兔子吃掉了澳大利亚各地的农作物和草。在干旱的内陆地区吃掉为数不多的植物后，土地更加荒芜了。如果食物不足，兔子就会进入放牧的畜舍，吃掉用作羊饲料的干草，最终导致澳大利亚的主要产业——羊毛产业面临危机。

澳大利亚组织了消灭兔子的大规模运动，并且是全国性投入。人们引进澳大利亚没有的兔子的天敌——狐狸，使用在兔子的洞窟里放入爆炸物或者以毒药为诱饵等各种方法，但是仍无法跟上爆炸式繁殖的兔子的脚步。虽然也修建了长达数千千米的兔子篱笆，但没能坚持多久。

当然，兔子的增加也曾使澳大利亚免于危机。大萧条和第二次世界大战中的人们食用兔子，解决了饥荒和军粮问题。另外，澳大利亚也出口兔子皮和兔子毛制作的毡帽。

兔耳袋狸
沙漠中生活的杂食性有袋动物，像兔子一样有长耳朵和长尾巴。

但是，由于灰色兔子的存在，仅澳大利亚就有无数固有的动植物灭绝。一度可以在整个澳大利亚看到的两种兔耳袋狸中的一种灭绝，另一种也处于面临灭绝的危机之中。豚足袋狸也在和兔子的竞争中灭绝，鼠袋鼠也处于濒临灭绝的危机之中。作为兔子的天敌引进的红狐狸也很难承担起消灭兔子的任务，兔子仍呈现出爆炸式增长，更加扰乱了生态系统。

1950年，澳大利亚政府为了减少灰色兔子的数量，给兔子注射了相当于天花的黏液瘤病毒，兔子的死亡率达到了99.8%。但是一直给兔子注射这种病毒，兔子的体内产生了抗体，死亡率下降到了20%。澳大利亚政府如今想要通过不孕病毒结束持续约150年的和兔子的战争，但是这将会带来怎样的余波还有待观察。

一旦崩溃，被扰乱的生态系统复原并不容易。人类网络扰乱了生态系统，造成传染病肆虐，在网络机能失去之前，生物学的交换仍将继续。最终的解决方案也要通过网络传播。在全球网络之中，人类的网络和生态系统复杂地连接在一起。生态系统复苏也需要深刻理解并活用网络的相关知识。

拓展阅读

开启全球网络时代的造船术和航海术

由于造船术和航海术的飞跃式发展，横穿大西洋、构筑大西洋网络等急剧的变化成为可能。这种变化不仅仅是欧洲人发挥创造能力的结果，也是通过亚欧大陆的网络，将所有科学知识和技术能力集中于一处而形成的集体学习的成果。

首先来看看造船术，即船舶的制造技术。为了能够进行像横渡大西洋那样的远距离航行，船一定要大，这样才能装载更多的粮食，而且要保证在波涛汹涌的大海上，毫无困难地操纵船只，使船适应迎面风和波涛等天气变化，并不断前行。为了达到这样的要求，要制造出集既存的多种船只的长处于一身的船。

从12世纪左右开始，北欧式的船舶的末端（船尾）配备了舵，即改变船前进方向的装置。被称作柯克船（cog）的北欧式船舶主要悬挂四角帆，船尾配有舵，使航行更加精准。

在柯克船出现以前，舵主要设置在船舶的右舷（右侧），但是在柯克船上，舵设置在船的后侧，以提高船舶的操纵能力。柯克船首次在以德意志为中心的汉萨同盟中使用，后传入整个地中海，主要作为货船使用

13世纪，葡萄牙改良了在地中海使用的悬挂三角帆的船，并制作了卡拉维尔帆船。卡拉维尔帆船设置了两三根桅杆，每根桅杆上悬挂着三角帆。正是由于三角帆的应用，船即使迎着风也可以沿之字形向前航行，这就是它的长处。另外，卡拉维尔帆船吃水不深，速度很快，因此有利于在风向不一致的情况下沿岸航行。但是三角帆的使用也有局限，只能按照规定

船上配置两三根桅杆，并悬挂三角帆的卡拉维尔帆船与柯克船不同，它不受风向的影响，改善了船舶的操纵能力。虽然它具有需要很多人控制帆、速度相对较慢的缺点，但是由于它适合在浅水区域内进行探险，所以常被用作附属船舶

的大小造船，这样制造出来的船不能装载满足远距离航海所需的粮食和备用品。

进入15世纪，出现了融合北欧式的柯克船和地中海的卡拉维尔帆船的长处并进行改良的船舶。这种船舶有三根桅杆，而且使用适合顺风时的四角帆和适合逆风时的三角帆。在船尾配置舵，使船的操纵能力

克拉克帆船是由四角帆的柯克船和三角帆的卡拉维尔帆船相结合制造出来的。作为适合远洋航行的帆船，它全面体现了当时欧洲帆船的造船技术

大幅提升，而且由于船内的空间很大，所以能够装载适合远距离航海所需的粮食和物资。另外，即使没有船桨和桨手，也能够航行，因此节省了许多费用，增加了可用空间。这种船就是克拉克帆船。

克拉克帆船适合远洋航行。哥伦布在1492年美洲探险的时候乘坐的船就是克拉克帆船。瓦斯科·达·伽马在1497年从欧洲出发去印度的时候乘坐的船舶也是克拉克帆船。另外，1519—1522年完成人类历史上首次环球航行的西班牙的维多利亚号，即斐迪南·麦哲伦使用的船舶也是克拉克帆船。

不仅造船术发达，航海术也发达。阿拉伯的天文学、数学与西班牙、葡萄牙的航海观测术相结合，使科学航海成为可能，发明了航海所需的各种工具。尤其是基于精确观测绘制的海图为安全航海提供了巨大的帮助。海图中包含水深、海底的土质、洋流的方向和速度、航道、港湾、岛屿的形状、暗礁及其他障碍物。正是由于这些科学的航海术，西班牙和葡萄牙在15世纪20年代得以进出亚速尔群岛、加那利群岛等大西洋岛屿。

最重要的是，造船术和航海术的发达提高了船舶的战斗力。克拉克帆船采用的是把木板固定在船身上的一种既坚固又经济的方式，因此在水速快或者快速移动的情况下，船舶也不会被撞坏。另外，因为克拉克帆船很大，所以除了船头和船尾，在船的侧面也可以放置大炮。通过这种方式，大幅提高了船舶对抗前

外观上和克拉克帆船没有大的差异，但是，如果说克拉克帆船主要用于商业的话，那么加莱船主要用于军事。船舶很长，可以放置很多大炮，船头悬挂着鸟喙模样的装饰，这就是它的特征

后左右敌人的能力。

　　克拉克帆船的侧面配备的大炮使海上战斗的战略本身发生了变化。以前的海上作战方式是船舶撞击敌船或者靠近敌船，然后船员到对方的船上进行战斗。但是克拉克帆船出现以后，只要在大炮的射击范围内向敌船开炮就可以了。16世纪30年代以后，欧洲对船舶进行了改良，在船舶的吃水线（船在水面上的时

候，与水面接触的线）正上方的洞里可以进行炮弹射击，使用大炮的战斗策略被灵活地加以活用。

比克拉克帆船更进一步发展的加莱船主要用于战斗。加莱船采用意大利的船形，与克拉克帆船相比，宽度更窄，长度更长。这种设计形态，不仅提高了船的运行速度，使其具有机动性，而且还能够在船侧面放置更多的炮弹。另外，船的瞭望台不是在船的最前面，而是设置在稍微靠后的地方，而船的最前面悬挂着鸟喙状的装饰，这就是它的特征。

西班牙无敌舰队的主舰就是加莱船。16世纪初起，加莱船逐渐用于货物运输，但是如有必要，也可以随时用于军事。17世纪以后的军舰使用的是相对大型的加莱船。通过提高船舶的战斗力，海上战斗的方式发生了改变，可以通过武力威胁他国进行通商。

19世纪，詹姆斯·库克船长使用的奋进号帆船（第一次探险）和决心号帆船（第二次和第三次探险）不是克拉克帆船或者加莱船，而是改造了商业运煤船的船舶。本来英国海军本部想要用巡航舰作为探险的船舶，而库克船长认为，虽然巡航舰可以装载很多粮

运煤船吃水浅，很容易靠近海岸

食和装备，适合远距离航行，但是浸在水中的船体下部吃水太深，因此不适合海岸探险。如果想要靠近海岸进行探险的话，就必须要选择吃水较浅的船舶。库克船长没有选择巡航舰，而是要求使用运煤船。海军本部购入了运煤船——彭布罗克伯爵号并进行改造后，将其命名为奋进号帆船。

借助如此发达的造船术，人们可以更快和更久地航行。其结果是使全球网络形成，巩固了人类世界的统一性。另外，通过造船术的不断提升，海洋网络内连接点之间的距离更近，网络也随之变得更加紧密。

十 工业社会的全球网络

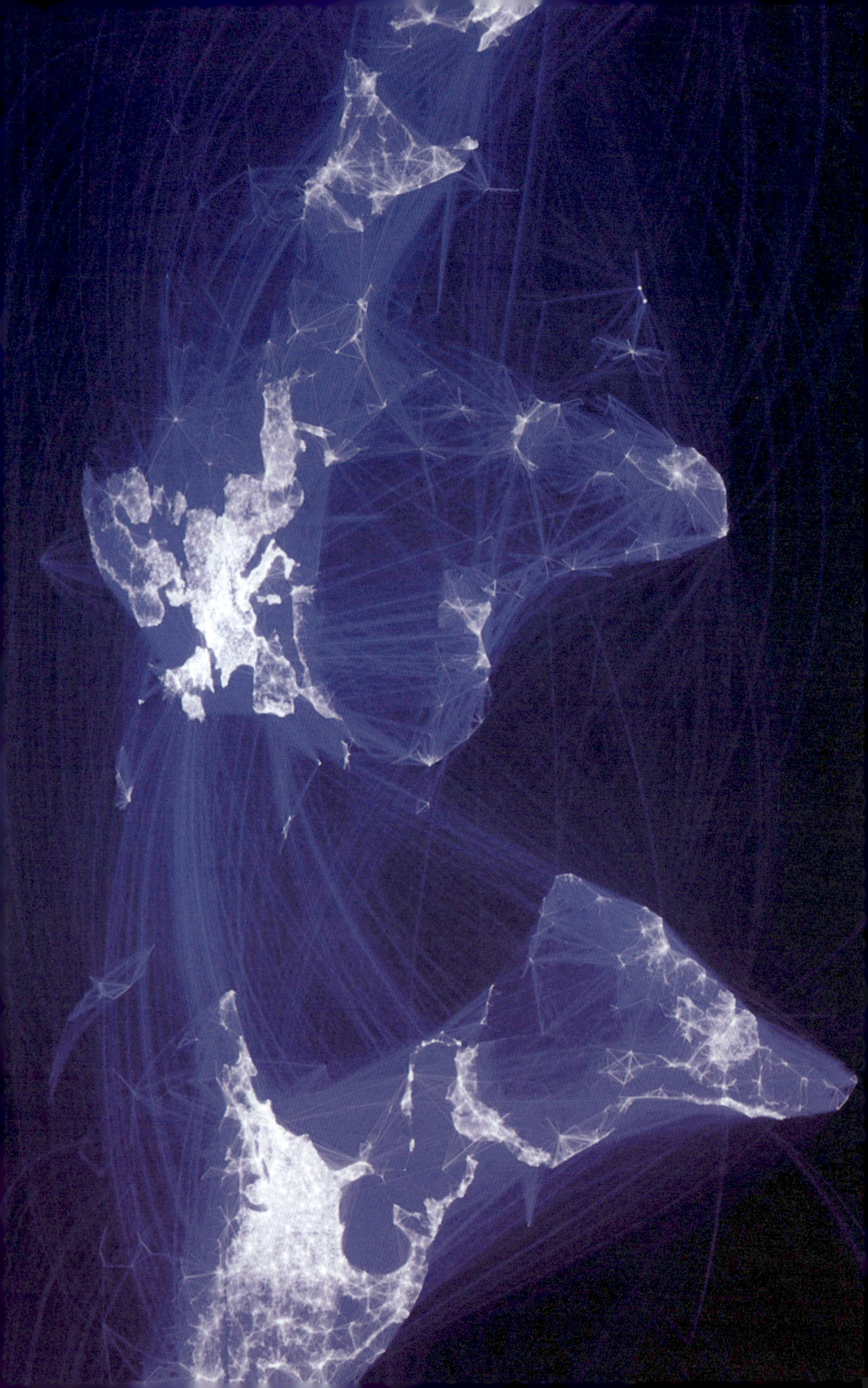

\+ 汽车、船舶、飞机等交通工具使人类可以"更快、更轻松、更远"地移动。通过道路建设和航线改善等，构建了多样的新交通网并使之互相连接，使既存的全球网络更高效，也更加便利。另外，随着通信网的发展，网络世界呈现出一个全新的世界，形成巨大的拐点。

交通工具的发展

21

如今的全球网络在很大程度上依赖于天然气、煤炭、石油等化石燃料以及原子能。通过新的移动手段，全球网络的连接点增加，连接线错综复杂地缠绕在一起，并不断发展。

支撑工业社会全球网络的动力能源与既有网络的动力能源存在本质上的差异。工业社会的交通手段，除了台风和暴雪等之外，一般不受自然条件的影响。与此相反，在农耕游牧社会，只能依靠人的体力、动物的力气、洋流和风等。这种动力能源在很大程度上受制于自然条件，克服自然障碍的水平也很低。如今的全球网络不是代替过去网络的新网络，它是在与农耕游牧社会的网络重叠并不断积累的基础上形成的。

詹姆斯·库克船长对澳大利亚和太平洋进行探险的时候，英国发生了人类历史上重要的变化。这个变化不只是单纯改变状况，还引领着网络的结构性变化，使时间和空间骤缩。欧洲边境的羊毛生产国——英国将从美国和印度进口的棉花进行再加工，制作成棉织物，向全世界销售，并慢慢成为世界贸易的强者。英国利用科学技术发明了织造机，开始了大量生产。使这一切成为可能的动力源正是蒸汽机。

蒸汽机通过加热产生的热气的能量使气缸内的活塞不断运动而获得动力。1712年，托马斯·纽科门利用蒸汽膨胀力发明了使活塞上升，蒸汽冷却，从而降低压力，再使活塞下压的大气式蒸汽机。詹姆斯·瓦特改良了纽科门

的大气式蒸汽机，他的发明加入了不是使大气压，而是使蒸汽压力不断产生的蒸汽机，以及变活塞的往返运动为旋转运动的装置。蒸汽机的发明中最具革新的一点是将热能转化为动能。由此，人类掌握了无论使用什么燃料，都能将热能转换成动能的技术。

随着利用蒸汽机的机器大量生产，可以大量运输的铁道迅速扩散，陆上网络不断发展。英国最早制造出来的利用煤炭和蒸汽的机车开始沿着全世界的铁路，运送物资。铁路运输的速度快，价格低廉。19世纪初，以欧洲为开端，在印度和日本也铺设了铁路网，西伯利亚铁路完工之后，即使在人迹罕至的沙漠中，火车也在不停地行驶。铁

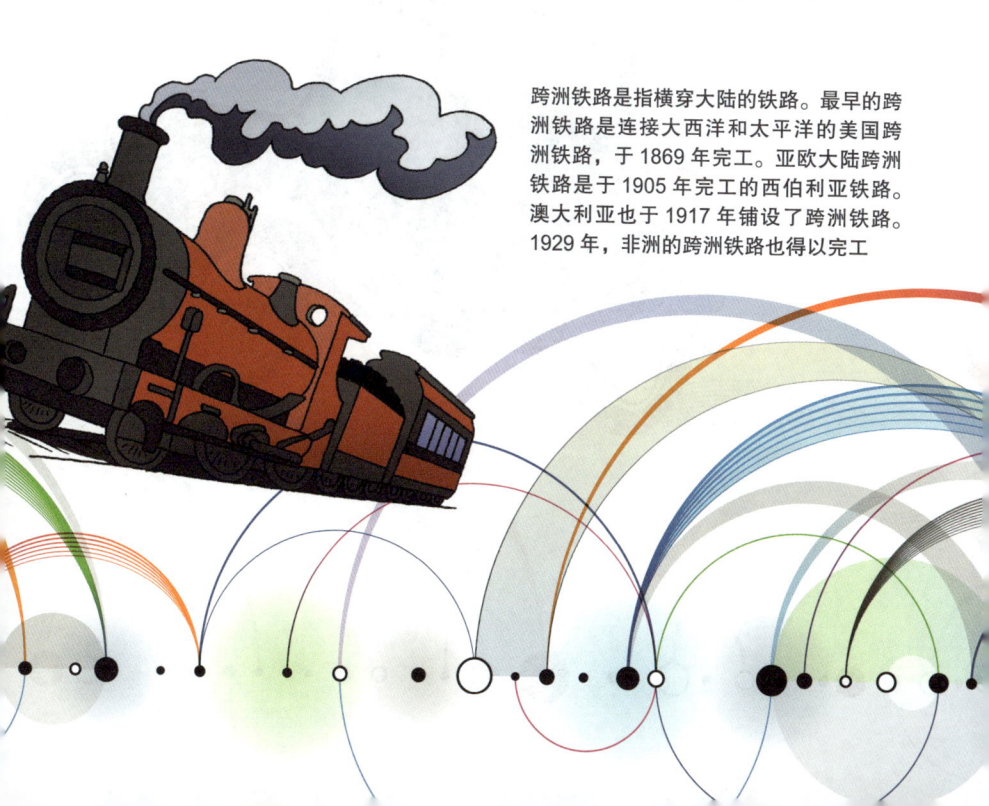

跨洲铁路是指横穿大陆的铁路。最早的跨洲铁路是连接大西洋和太平洋的美国跨洲铁路，于1869年完工。亚欧大陆跨洲铁路是于1905年完工的西伯利亚铁路。澳大利亚也于1917年铺设了跨洲铁路。1929年，非洲的跨洲铁路也得以完工

路成为全球陆上网络的长距离移动"工具"。

从自行车和马车发展而来的汽车继铁路之后成为陆上交通的强者。自1885年卡尔·本茨发明了第一辆汽油汽车以来，福特公司通过革新装配线，降低了生产费用，从而使得汽车在一般劳动者中普及。汽车除了用作私人轿车外，还用作公共汽车、货车、牵引车等，随着汽车专用道路和高速公路的建设，汽车可以更加便利、更快速地移动。

和火车不同，汽车赋予了司机更多的自由，提高了通

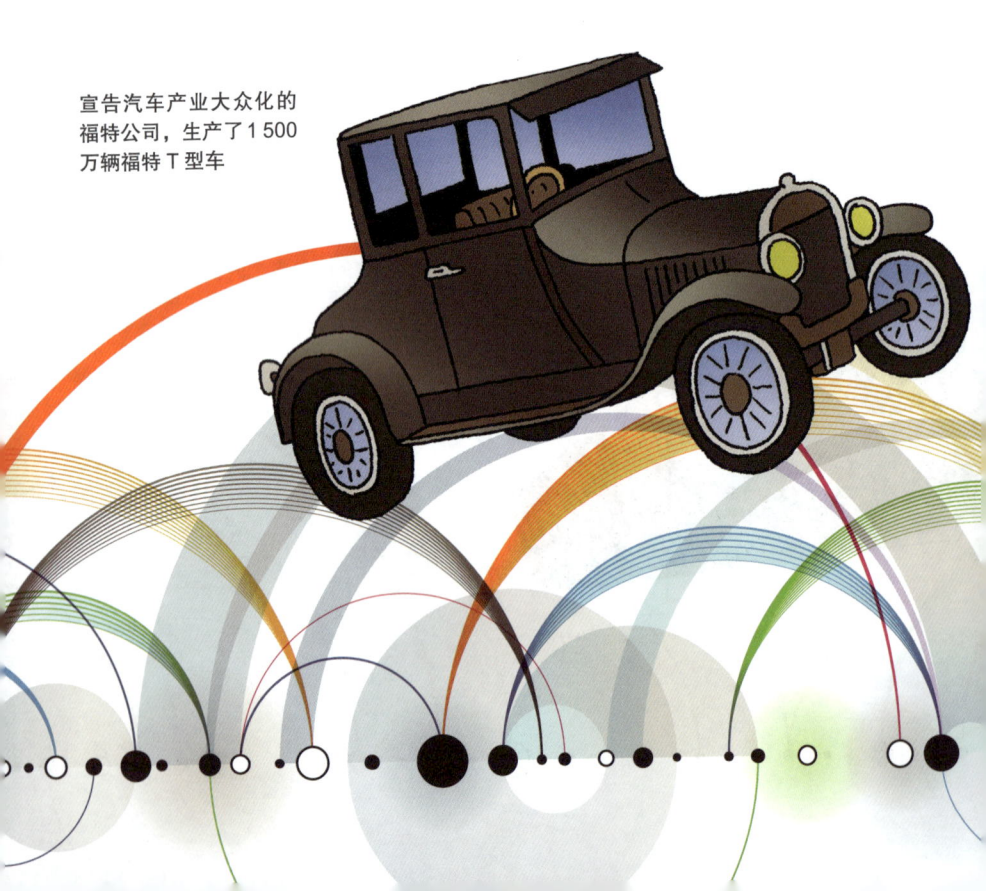

宣告汽车产业大众化的福特公司，生产了1 500万辆福特T型车

勤和旅行时的灵活性和可操作性。汽车成为无关地域、无关民族、无关国家的连接个人之间的手段，提高了人类的可移动性。其结果是，在欧洲、非洲等地，地区或者国家之间的隔阂大幅降低。

1807年，罗伯特·富尔顿发明了最早的蒸汽船，一下子改变了一直以来利用季风运送人和物品的海上航行方式。因为蒸汽船可以不管洋流和风向，以自己的速度和方向航行，所以大大巩固了海洋网络。19世纪70年代，蒸汽船被用于定期横穿大洋运输货物。

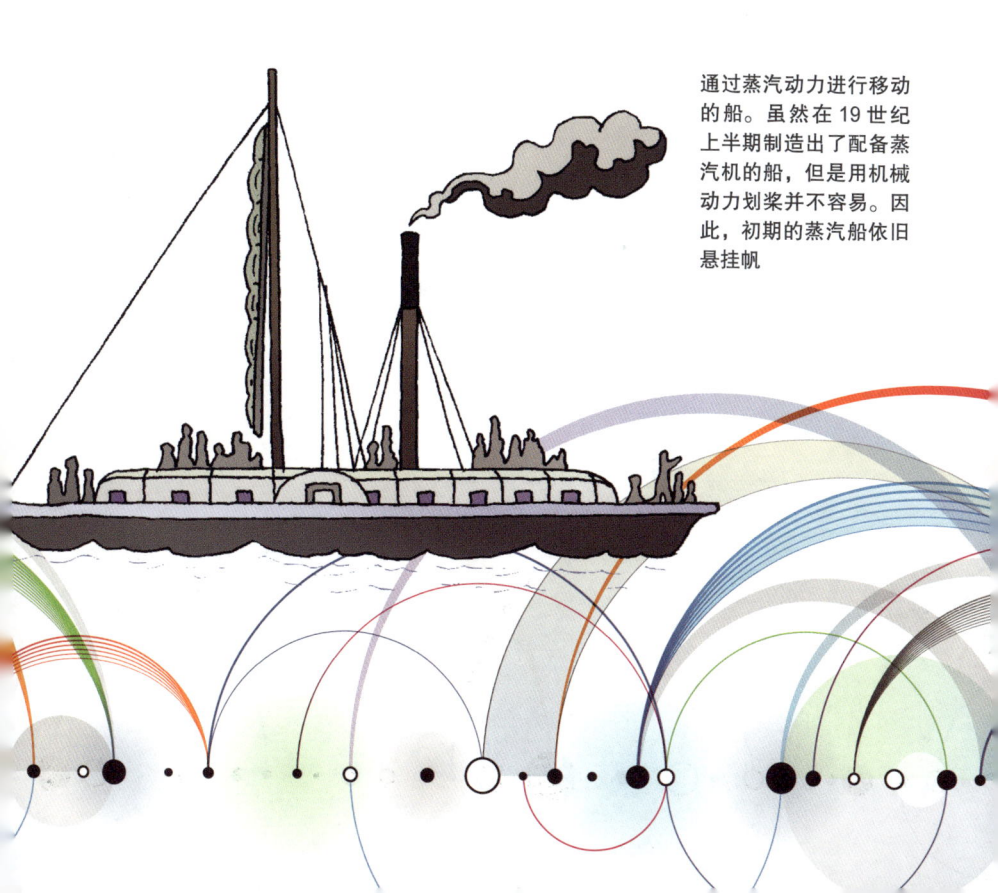

通过蒸汽动力进行移动的船。虽然在19世纪上半期制造出了配备蒸汽机的船，但是用机械动力划桨并不容易。因此，初期的蒸汽船依旧悬挂帆

最重要的是，蒸汽船的出现改变了既有的战争方式，并对西欧和美国占据霸权地位起了很大的作用。1853年美国的威廉·佩里率领海军蒸汽船——富尔顿号进入日本，并胁迫日本打开国门。闭关锁国的日本于次年和佩里签订了《日美亲善条约》。凭借蒸汽船取得的胜利象征着以化石燃料和钢铁为主的新的动力能源的胜利。

从大历史的观点来看，这是农耕社会以来支配社会并使社会存续的木材、水力等可再生能源被化石燃料代替的巨大转变。由于化石燃料的出现，人类历史从1万年前出现的农耕社会转变为工业社会。

海上网络随着苏伊士运河（1869年）和巴拿马运河（1914年）的开通进一步活跃。进入21世纪，随着北冰

洋的冰融化，北极的海洋道路受到了关注。北极海上网络将会成为自苏伊士运河开通之后最大的国际海上道路。北极海上网络构筑完成的话，从釜山到荷兰的阿姆斯特丹的距离，将会比通过苏伊士运河的现有航线缩短一半以上。

　　1903年，美国莱特兄弟制造的最早安装内燃机的飞机试飞成功。当然，在莱特兄弟之前，利用热空气或者氦气的飞行器具早在17世纪中叶已出现，在美国内战时期被用于侦察。另外，在20世纪初，人们发明了飞艇，甚至用它横渡了大西洋。但是1937年，德国的飞艇兴登堡号在着陆之前，燃料氢气爆炸导致着火，使飞艇的运行中断。

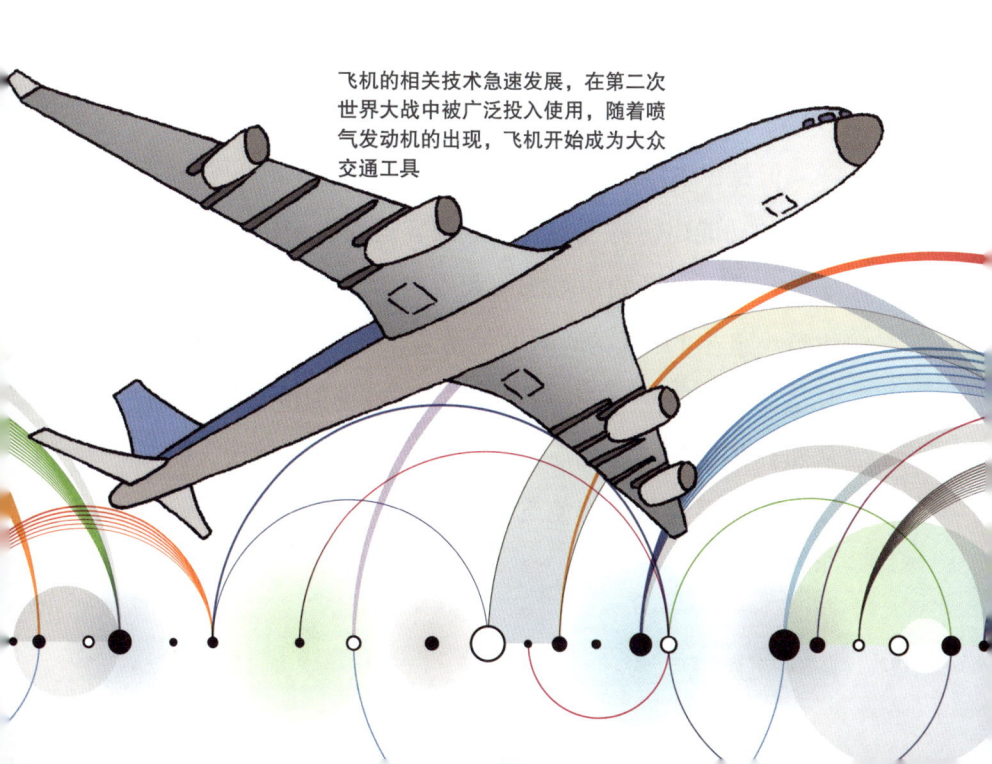

飞机的相关技术急速发展，在第二次世界大战中被广泛投入使用，随着喷气发动机的出现，飞机开始成为大众交通工具

国际航空路线图

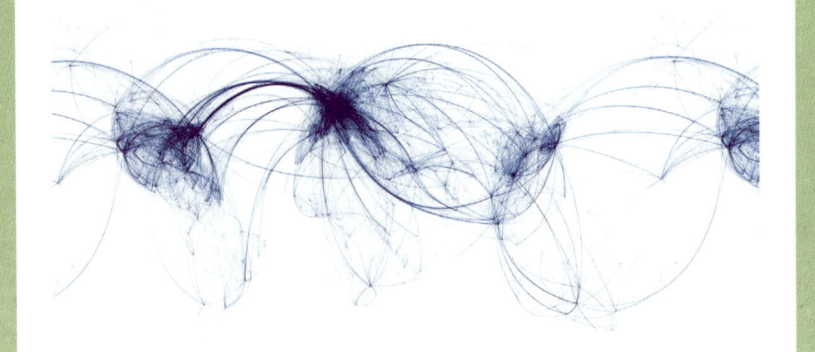

全世界不仅通过陆路和海路,而且还通过空中之路紧密地连接在一起。1903 年美国的莱特兄弟发明的动力飞机提高了移动的速度,不仅作为民用,而且在军事用途中也承担着重要任务,是一种国际交通工具

  但是,飞机一直在不断发展。第一次世界大战之后,飞机的功能由游览飞行转变成旅客运输,1910 年,开设了航空班机,开始运输邮件和旅客。1924 年,一个专家飞行小组在 175 天的时间里完成了第一次环球飞行,时间长达 371 个小时。三年后,查尔斯·林德伯格成功实现了从纽约到巴黎不着陆航行。在第二次世界大战中,喷气发动机和雷达的发明使飞机可以在空中更迅速和精确地飞行。

相互竞争并相互依存的汽车、船舶、飞机等交通工具使人类可以"更快、更轻松、更远"地移动。加之道路建设和航空道路的开设等，构建出了多样的新的交通网，并相互连接，使既有的全球网络"更高效、更便利"。虽然空中航线是以前没有的新网络，但是目的地和出发地，即连接点是既有全球网络中主要的发达城市。这种交通手段的变化也使网络的构造和主导权发生了变化。

22 通信网络的发展

在工业社会中，通信的发展显著地加强了网络。发送者为了在通信或者交流中向接收者传达信息或者意图，使用邮件、电报、电话、互联网等通信媒体。但是通信媒体并不是单纯由发送者和接收者一对一构成的，而是由多个发送者和接收者组成的一个网络。

通信和图画、文字一样，是人类一直维持的文化。这要追溯到古埃及和波斯帝国时代，当时它已被体系化并被制度化。为了维持统治而建设的所有道路，不仅是下达国王或者皇帝的命令，也是通信往来的重要通道。蒙古帝国的驿站制度和伊斯兰世界的宗教性网络也都是通信通道。

19 世纪 40 年代，英国建立了现代化的邮政制度，并向全世界传播。在这之前，由收件人承担邮费，并根据邮寄的物品和距离确定邮费。这一悠久的制度转换成由寄件人承担邮费，并支付价格与邮寄物品无关的固定费用。随之使用的是事前特制的、一定规格的封套，并将印有价格的邮票贴在封套上。慢慢地全国都按照这种方式寄件并收件，制度由此被确定下来。

伴随着运输手段的发展，邮政制度逐渐集中化和国有化，由此出现了船舶邮政、铁路邮政、航空邮政等，使更快速的配送成为可能。尤其是航空邮政使国家之间的通信交流更加容易。随着1874年万国邮政联盟的成立，世界上任何一个地区都可以以固定的价格向地球上的几乎所有地方邮寄物品。国际邮政也受到了和国内邮政同等的待遇，国际邮费在发件国征收。邮政的全球网络由此建成。

名为"黑便士"的世界上第一枚邮票。它是1840年英国发行的邮票，面值以便士计，是为了寄件人提前支付邮费而设计的

国际邮费

1969年,根据国际邮件的发件国和收件国邮件总量的差异来分配邮费收益的方式得以确定,并投入使用,逐步完善。

近些年来,很多国家都采取使用邮编系统,实施邮政自动化,其结果是全世界都得以被编码化。邮编首次在德国投入使用,阿根廷、英国、美国、瑞士等全世界超过一半的国家也使用这一编码系统。另外,许多私人邮递公司的出现提供了更快捷和准确的邮件送达服务。

在邮政发展的几乎同一时期内,电报也得以发展并传播到全世界。原始的电报是利用敲打原木、鼓等,或者利用烟或旗子来传送信号。近代的电报是从利用电信号传送信息的摩尔斯电码被发明出来

开始的。萨缪尔·摩尔斯发明了利用点（·）和短线（−）表示文字、数字、标点符号并通过电信号传达的方法。在1844年最早的电报"上帝创造了何等的奇迹！"（What hath God wrought!）发送之后，电报快速深入大众。

想发电报，就需要设置电缆。1850年英国架设了约3 200千米电缆，美国架设了超过16 000千米的电缆。1852年，英国和法国之间架设了电缆。1860年，美国不仅架设了横穿美洲大陆的电缆，还在美国和英国之间架设了海底电缆。到1891年，人们不仅架设了南北美洲之间的电缆，还架设了横穿英国—地中海—红海—印度洋—东南亚—澳大利亚—新西兰，横穿英国—东南亚—中国—日本，英国—北欧—丝绸之路—中国，横穿英国—西班

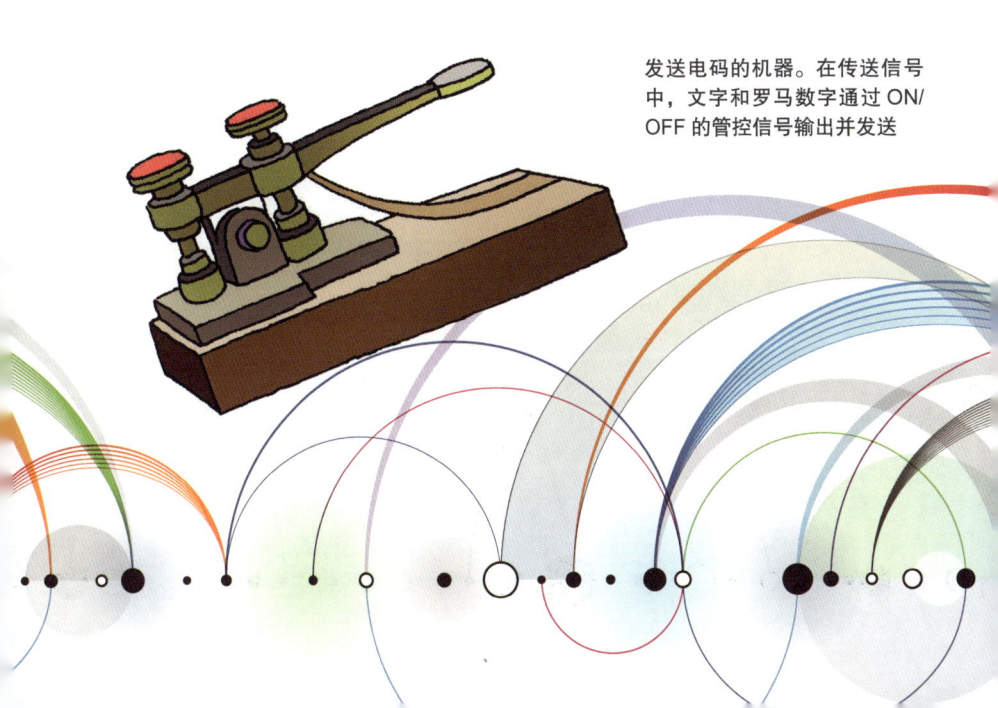

发送电码的机器。在传送信号中，文字和罗马数字通过ON/OFF的管控信号输出并发送

牙—非洲沿岸等电缆。

如此，电报推广到全世界。传送电报更加低廉，而且电报即使不通过交通手段也可以快速在地球上的每个角落传递。除了特意限制，不会再发生因信息迟延到达而不再具有价值的事情。全球各地的信息都可以通过电报传递并集中于一处，最终通过报纸的形式向人们传递，将读者和全球性的事件连接到网络中。

1895年，古列尔莫·马可尼以赫兹的电磁波理论为基础，通过改造扩大电磁波的机器和接收天线扩大了信号传输的范围。他成功将没有电线的电信号发射到远处。

他发射的电信号，可以到达 2.4 千米远的山丘看不到的地方。没有电线也可以发送信息的无线电时代来临。1898 年，马可尼发送了跨越英国和法国之间的多佛尔海峡的无线电信号。三年后，他在大西洋对岸的加拿大成功接收到了无线电信号。最终无线通信实用化，1907 年美国和欧洲之间拉开了公共通信事业的序幕。

无线通信也被用于包括军舰在内的船舶上，并对海上救援做出了巨大的贡献。1912 年超豪华的游轮泰坦尼克

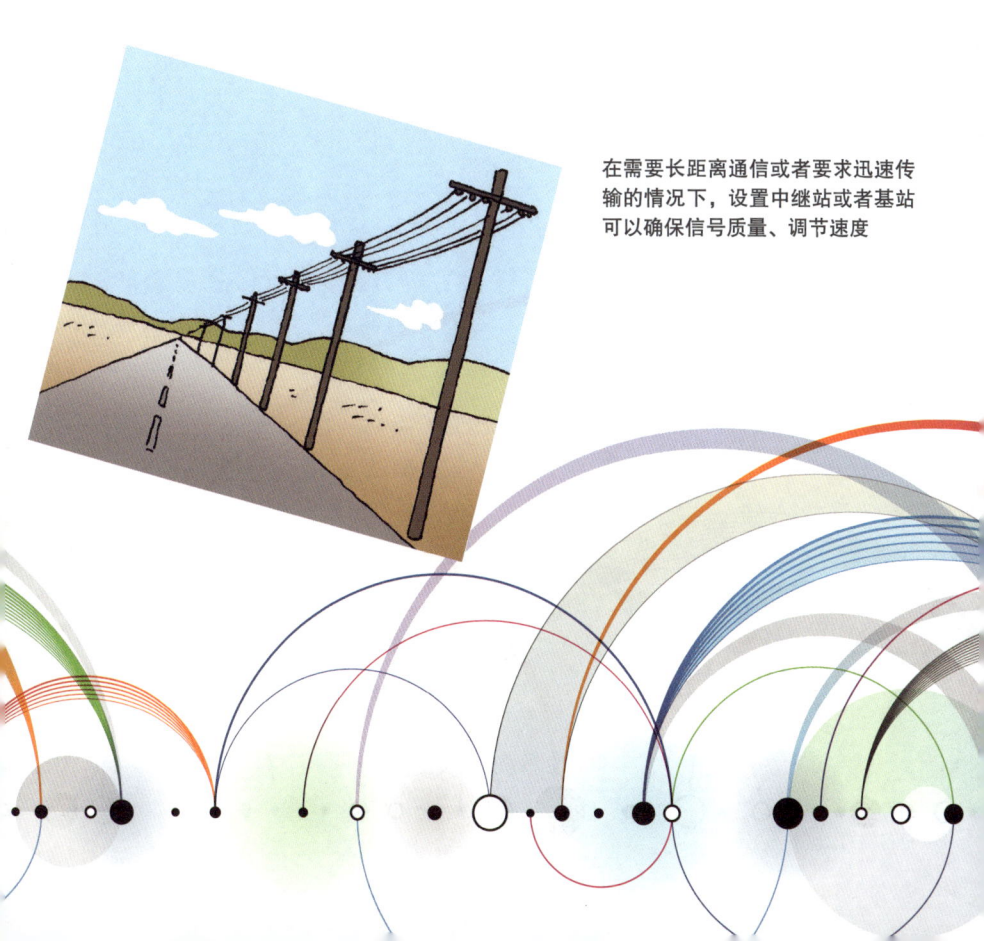

在需要长距离通信或者要求迅速传输的情况下，设置中继站或者基站可以确保信号质量、调节速度

号在撞上冰山慢慢沉没的时候，也是通过无线电发送了救援请求。附近的蒸汽客船收到无线信号后，迅速赶往现场，救起了泰坦尼克号下放救生艇上的许多乘客。由于这次事件，无线电被广泛关注。如今包括大海在内的全世界都通过无线电连接到一起。

随着无线通信的发展，自然而然地带来了无线电广播的发展。20世纪20年代，随着无线电广播的商业化，通过电报传输的全球信息也传递给了大众。无线电广播自1906年出现以后，飞速发展，到1926年，美国每六个家庭就有一台收音机。进入20世纪90年代，数字无线电广播在欧洲出现并传到全世界。

同无线电广播一样，电视作为20世纪的大众媒体也备受关注。电视在20世纪20年代后期首次出现，传递新闻、广告、电视剧等影像信息。录像机等非主流设备出现并加速普及，进入21世纪后，和互联网结合，使双向通信成为可能。虽然无线电广播和电视由各个地区或国家控制，但是随着纪录片、电视剧等节目相互输出和输入，全球网络得到加强。

多种多样的通信媒体中，最能使全球网络深化，并将全世界连接成一个整体的是20世纪60年代末开始投入使用的互联网。互联网通过全球电脑网络系统，不仅统合了邮政、电话、电影、电视等既有的通信媒体，还进行了再

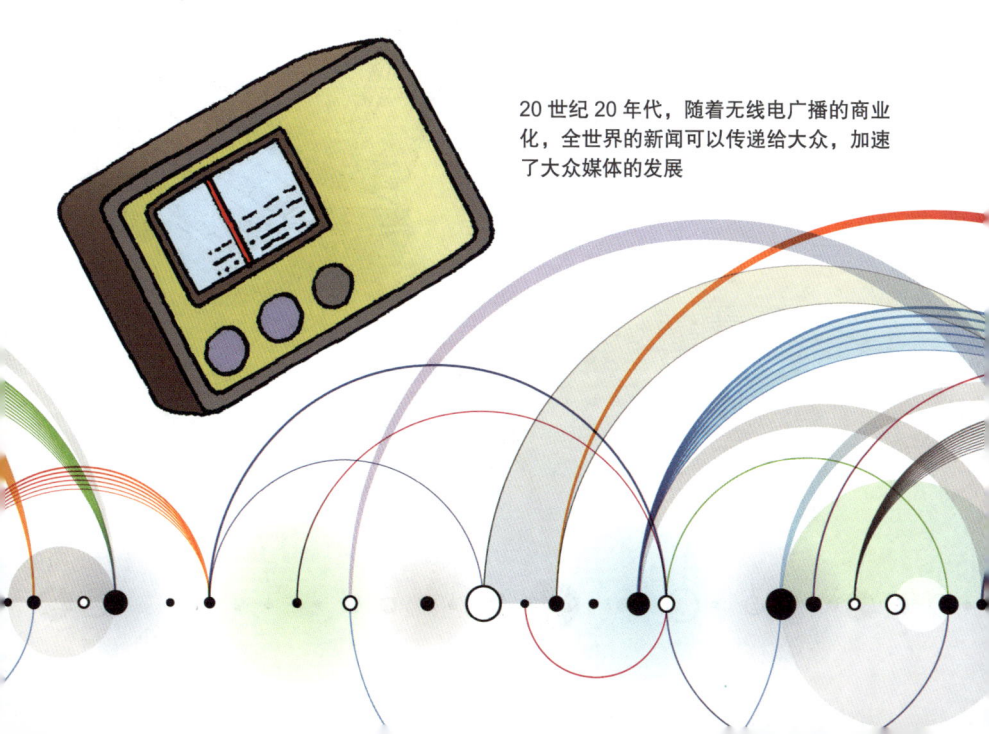

20世纪20年代，随着无线电广播的商业化，全世界的新闻可以传递给大众，加速了大众媒体的发展

建构，而且可以将各种信息和意图同时、多发性地传递给数十亿的全世界使用者。尤其是网络中存在多种多样的连接点，强化了使用者的能动性和双向性。

有线网络和无线网络在与既有的全球网络结合的过程中不断发展。在既有的全球网络中，高度紧密团结的地区

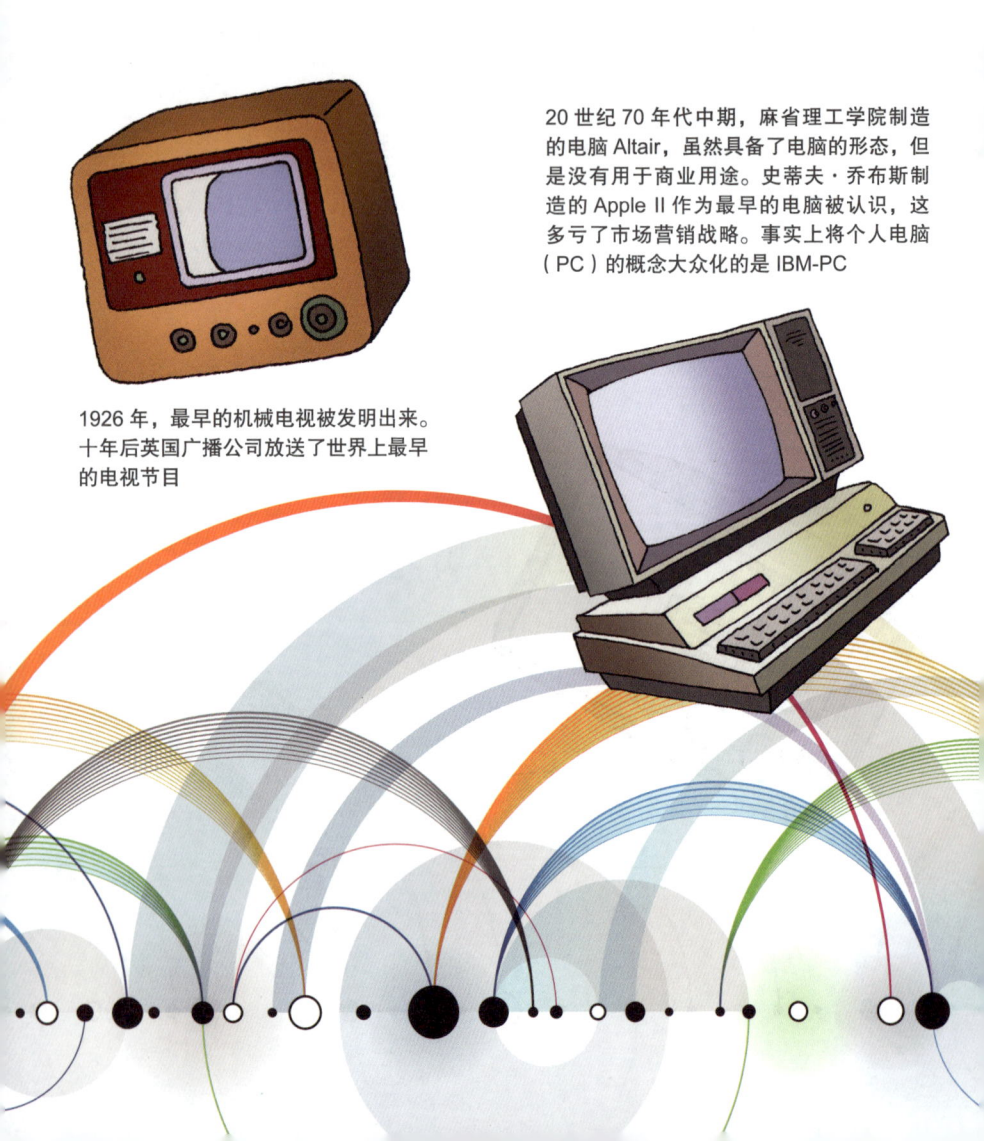

20世纪70年代中期，麻省理工学院制造的电脑Altair，虽然具备了电脑的形态，但是没有用于商业用途。史蒂夫·乔布斯制造的Apple II作为最早的电脑被认识，这多亏了市场营销战略。事实上将个人电脑（PC）的概念大众化的是IBM-PC

1926年，最早的机械电视被发明出来。十年后英国广播公司放送了世界上最早的电视节目

间形成了更加强大的有线网络和无线网络，还以新出现的强国为中心进行了构建重组。虽然物质的移动和电的移动形态不同，但是给全世界带来了危机与挑战，也引起了变化。

从大历史的观点来看，在这个变化中最重要的一点不是有线和无线网络在全球架设并相互连接，也不是通过有线和无线网络，信息更快、更准确地在全世界进行交换，而是这些要素使既有的全球网络更加稳固。

但是比这更重要的是出现了全新的世界，即网络世界。网络世界不是现实中的物质实体，而是假想的物质，但是在游戏、小说、金融、军事、医疗、政治等复杂的层

随着为了使美国的四所大学相互连接而构筑的系统被商业化，如今的网络成为包罗万象的巨大的通信网

面上,是转移了现实中的东西,因此具有现实性。网络世界是将现实生活中的假想和现实都作为现实的假想。很显然,它的出现是大历史中重要的转折点。

尤其是社交网络扩大了人与人之间的网络。一般来说,以网为媒介,可以统合电子邮件、留言板和消息的功能,并进行实时沟通。因此,社交网络在人与人之间进行多种多样的媒体和信息交换,强化了网络论坛,并作为社会的新生力量出现。不仅仅是"朋友",也可以和陌生人进行交流的社交网络自1997年SixDegrees理论(六度分隔理论)初次出现以后飞速发展,之后相继出现了

Cyworld(赛我,2001)、MySpace(聚友,2003)、YouTube(优兔,2005)、Facebook(脸书,2004年设立时只有哈佛大学的学生才可以注册为会员,2006年全面开放)、Twitter(推特,2006)等。在这个过程中,可以更容易和快速地接触到信息的功能不断发展,在激烈的竞争中,各种社交网络不断出现后又消失。因此,社交网络创造了新的民主和沟通方式,并进一步开创了新的时代。

社交网络是指在网上构建同朋友、同事、熟人的关系网,并提供信息管理服务。最具代表性的是 Twitter、Facebook 等

从大历史的观点看"全球网络"

　　从全球网络形成的观点看人类历史，什么时候最重要？我们可以说是约公元前2世纪、公元700年、1500年、1800年等。第一个重要时期是公元前2世纪左右中国的网络和中亚、印度、西亚、东北非、地中海世界的网络相互连接，构成一个巨大的网络，即亚非欧大陆网络构建的时期。使这个网络构建成的最重要的契机可以说是张骞开拓的陆上丝绸之路在日常贸易中正式投入使用，以及在几乎同一时期内利用季风横渡印度洋的海上丝绸之路在日常贸易中正式投入使用，正因为如此，亚非欧大陆的网络更加坚固。

　　第二个时期是约700年，伊斯兰势力统一了阿拉伯地区，横穿撒哈拉沙漠，将网络扩大到了非洲东部和西部的时期。虽然穆罕默德创立伊斯兰教是在610年，但是伊斯兰网络扩张到上述地区是倭马亚王朝时期（661—750年）的成就。

第三个时期是1500年左右，银作为最早的全球商品在整个地球上交换，由此，全球网络出现。朝鲜半岛的人参也是这一时期出现的全球网络的一部分。当然，如果没有横渡大西洋的哥伦布美洲探险，那么全球网络也就不可能出现。通过哥伦布的探险，美洲网络和亚欧网络第一次以大西洋为中心紧密地连接在一起，然后同亚非欧大陆网络紧密地联系在一起。即使哥伦布认为自己到达的是印度，其结果也是使各网络相互连接并形成了一个更加巨大的网络。

最后一个时期是1800年左右，詹姆斯·库克船长将澳大利亚网络与美洲-亚欧大陆网络连接的时期。尤其是在这一时期，通过库克船长的努力，能够精确地使用纬度和经度来理解球形地球，至此，全球网络成功构建。

从大历史的观点来看，出现全球网络的1500年是人类历史的大转折点。1500年以后，由于全球网络的存在，影响全球或者使全球相互关联的历史现象开始出现。这是以前没有的现象。很显然，仍有一些现象仅存在于局部地区，但是这也不是和间接的全球历史现象毫无关联的现象。人类历史更加复杂，相互关联性也以前所未有的幅度扩大。

从全球网络"完成"的角度来看，很显然，1800年可以说是最重要的时期。但是1500年的美洲和1800年的澳大利亚的网络扩张反而牺牲了大部分的原住民，随着环境被破坏，最终带来了网络被破坏的后果。当然，也可以说是欧洲网络的移植或者膨胀取代了既存原住民的文明。

即便如此，我们仍然不能忽视这些转折点的重要意义。即便是公元700年开拓的沙漠之路，虽然很难看出通过它新形成的网络能持续带来大的影响并不断发展，也没有在大历史上占据很大篇幅，但是很明显，它仍然是网络扩张过程中要深入分析的时期。

在这里有一点不容忽略。1800年不是由于网络的发展，而是出于其他原因成为大转折点。虽然在这本书中没有直接探讨，但是在1800年，化石燃料代替了木材、水力等可再生能源，成为主要的能源，1800年也成为由农耕社会转变为工业社会的大转折点。

由于这个大转折点，地球社会经历了质变。当然，农耕社会建设的网络也随之发生了巨大的变化。火车、蒸汽船、汽车、飞机、电报、无线电、电视、互联网、社交网络等也开始出现，使全球网络更加复杂。另外，互联网世界构建了新层面上的全球网络。

进一步讲，人类进入宇宙构建了另一个网络。通过发射到宇宙中的火星探测器好奇号、"旅行者1号"以及许多人造卫星，人类不仅将地球，还将月球和火星等宇宙和地球连接成一个无比巨大的网络。在不久的将来，人们可以到月球或者火星旅行，那样的话，在我们的认知和知识体系中，新的网络将稳固地占据一席之地。连接宇宙和地球的宇宙网络的复杂性将进一步增加。

至此，我们从大历史的观点看了人类、技术、交换这三个要素在全球网络形成之前的每个重要的阶段是如何出现、结合和发展的。现在我们自己想象一下，在即将经历的未来的网络中，人类、技术和交换将如何联系在一起。

在世界地图中，大多数国家显得非常小，有的几乎看不到。但是即使看不到，也不是不存在的。本书虽然只谈及了全球网络中的主干道路，但是只有在许多小的支路协调在一起的时候，那条主干道路才可以更好地发挥作用。每个国家都曾经处于连接道路和道路的重要路口。在大历史的走向中，各国走的路将留给各位读者去寻找。

赵池亨

2013年10月